会津怪談

煙鳥
吉田悠軌
斉木京

竹書房
怪談
文庫

※本書は体験者および関係者に実際に取材した内容をもとに書き綴られた怪談集です。体験者の記憶と主観のもとに再現されたものであり、掲載するすべてを事実と認定するものではございません。あらかじめご了承ください。

※本書に登場する人物名は、様々な事情を考慮してすべて仮名にしてあります。また、作中に登場する体験者の記憶と体験当時の世相を鑑み、極力当時の様相を再現するよう心がけています。今日の見地においては若干耳慣れない言葉・表記が記載される場合がございますが、これらは差別・侮蔑を助長する意図に基づくものではございません。

本書の怪談記事作成に当たって、快く取材に応じていただいた方々、体験談を提供していただいた方々に感謝の意を述べるとともに、本書の作成に関わられた関係者各位の霊的無事をお祈り申し上げます。

まえがき

会津地方は福島県西部、越後山脈と奥羽山脈に挟まれた内陸の地域で広大な面積を誇る。

会津の歴史は古く、古事記には「相津」として登場するほどで歴史の教科書では戊辰戦争の際に扱われるので全国に名の通った地域である。

会津にはたくさんの怪談が眠っている。

この度、会津出身かつ福島県在住の僕、東京都出身の吉田悠軌、福島県出身の斉木京という三人でこの本を紡いだ。

中から見た会津、外から見た会津、中間に位置する者。

この三名からの視点でそれぞれ会津の怪談たちを集め、切り取った。

本書はそれぞれ著者別で怪談たちを並べてあるので、著者それぞれの感覚の違いを味わいながら読むのもまた一興と思う。


それでは僕らと一緒に、薄闇に染まり始めた皆さんの知らない会津を覗きに行こう。

煙鳥

目次

吉田悠軌の章

煙鳥の章

福島県
会津地方
喜多方市
北塩原村
西会津町
猪苗代町
会津坂下町
湯川村
磐梯町
会津若松市
猪苗代湖
三島町
金山町
柳津町
会津美里町
昭和村
只見町
下郷町
南会津町
檜枝岐村

会津怪談

斉木京の章

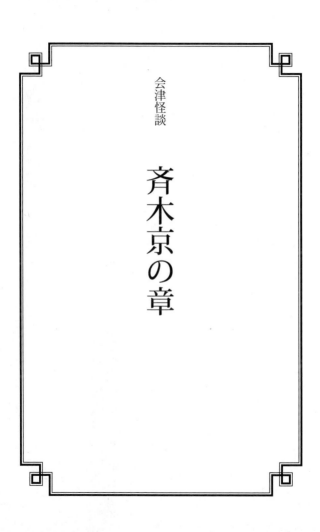

旧本堂から来るもの（会津若松市）

古《いにしえ》より会津盆地は関東、北陸、東北を結ぶ要衝の地だった。

平安時代には法相宗《ほっそう》の徳一《とくいつ》が慧日寺《えにちじ》を開基し、鎌倉時代は蘆名氏《あしな》が治め、戦国から江戸に掛けては蒲生氏郷《がもううじさと》公、上杉景勝《かげかつ》とその宰相である直江兼続《かねつぐ》、そして三代将軍徳川家光の異母弟である保科正之公と名だたる領主が封ぜられたため、豊かな文化が花開き、多くの寺社仏閣も建立された。

ただ、古い時代からの歴史が堆積すれば、影の形に添うように怪異譚もまた多くなる。

会津若松に古くから信仰を集める、とある名刹が建っている。

この寺の旧本堂は明治初期に解体された鶴ヶ城（会津若松城）の廃材を用いて建立されていて、文化的価値も非常に高い建物である。

鶴ヶ城は幕末の戊辰戦争の際には新政府軍に包囲され、苛烈な籠城戦があったことで知られている。

新政府軍は四斤山砲《よんきんさんぽう》で容赦なく砲撃を加えたが、精強な会津武士達や女性達は多くの犠牲者を出しながらも一カ月余り戦い続けた。

生まれも育ちも会津という奥山さんは、縁あってこの由緒あるお寺に嫁ぎ、二人の子宝にも恵まれた。

歳の近い兄弟は子供の頃、庫裡《くり》の二階の一室で仲良く一緒に寝起きしていた。

だが、長男が中学校に上がった頃から奇妙な行動を取るようになった。

真夜中に寝床から抜け出すと、旧本堂に面した窓を開けて外へと出て、屋根瓦の上に腰を下ろす。

そして暗い旧本堂の方を向きながら、暫くの間一人で楽しげに喋っている。

これが夜毎続いたが、奥山さんは長男が思春期にありがちな夢想を抱いて、そんなことをしているのだろうと思い、暫く放っておいたそうだ。

だが、同じ時期に弟の方がその部屋から出たいと言い出した。

何でも、寝惚けた兄が夜中に何度も踏み付けてくるので碌《ろく》に眠れないのだという。

その後、次男は寝るときには別の部屋を使うようになった。


長男の奇行はその後も続いた。

夜更けになると真っ暗な部屋の中で一人、むくりと起き上がり、嬉々として本堂を臨む窓の方へ向かう。

そして虚空へ向かっていつまでも話し続けるのだ。

まるで親しい間柄の誰かが訪ねてきているような印象を奥山さんは受けた。

だが、ある日を境にそれが一変した。

何があったのか分からないが、夜中に外に出なくなったどころか、旧本堂に面した窓をガムテープで念入りに隙間なく塞いだ。

勉強をする際に使っていた窓際の机にも寄り付かなくなり、布団も窓の反対側の壁に引っ付けて縮こまって眠るようになった。


奥山さんが理由を訊ねても、顔を強張らせて首を振るだけで何も言わない。

そもそも長男が窓側に布団を敷き、弟は廊下側に寝ていたが、二人の間はアコーディオンカーテンで仕切られていたし、長男が窓から外に出る際に反対側の弟を踏み付けることはあり得ない。

とすれば、次男を夜中に何度も踏み付けていたのは本当に長男だったのか。

そして長男は夜毎自分を訪ねてくるものが、本来交わってはいけない存在だと、ある時点で気が付いたのではないか——。

奥山さんはそう述懐する。

旧本堂には、大人になった今でも兄弟ともに近寄りたがらないそうだ。

陰火、或いは首（会津若松市）

会津若松市に住む女性唎酒師《ききざけし》のKさんが、まだ十代の頃に見た奇妙なものの話。

あるお盆の時期、Kさんは若松市内のとある路地を母親と一緒に歩いていたという。

ちょうど黄昏《たそがれ》時で町は宵闇に沈みかけていた。


その路地は一区画を占めるような大きな屋敷の前を通っていたが、何故か屋根の上が気になってKさんは、ふとそちらに目をやった。

すると青い炎が黒々とした屋根瓦の上に浮遊しているのが見えて、思わず目を瞠《みは》った。

それはバレーボールを一回りも大きくしたような球体で、幽《かそ》けき光を放って青く燃えている。

薄ら寒い気持ちになったKさんと母親が足を速めて路地を進んでいくと、その火球もふわふわと後を追いかけてきた。

屋敷の塀に沿って角を曲がったが、それはなおも追い縋ってくる。

だが屋敷の敷地を離れると、火球は元の場所へと戻っていった。

その後二人は無事に自宅へと辿り着いたが、Kさんは胸騒ぎがして二階の窓をそっと開けてみた。

自宅から先ほどの屋敷は三百メートルほどしか離れていない。

細く開けた窓から屋敷の辺りに目を凝らすと、宵闇が降りた家々の屋根の向こうに青い炎がまだ浮かんでいる。

Kさんは急に恐ろしさが込み上げてきた。

ちょうど炎が浮かんでいる高さと、二階にいる自分の目線が同じだったからだ。

あの火球がこちらに気が付いて、ここまで飛んできはしないか——。

そんな想像が過って、Kさんは慌てて窓を閉めた。

今思えば、あれはただの火球ではなく人の頭ではなかったか。

そんな気がしたのだそうだ。

実はこの話には後日談がある。

怪談会にてKさんがこの話をすると、これとよく似た怪異について『会津怪談録』にも記述があると他の方から指摘があったのだ。

会津怪談録は江戸時代に編纂された怪談集で、主に会津城下で起きた怪異譚が収録されている。

その十一話に『本二ノ丁光ものの事』という話がある。

話の概要は以下のようなものだ。

かつて郭内本二ノ丁桂林寺町通り南側西角に、笹原與五兵衛《よごへえ》という武士が居を構えていた。

ある日の夕刻、従兄弟の屋敷を訪ねたその帰り、背後に気配を感じた與五兵衛がふと振り返ると小丸提灯ほどの大きさの火の玉が飛んでくるのが見えた。

初めは誰かが提灯を持ってこちらに歩いてくるのかと思ったが、それにしては地面から高い所にあり、高提灯かと思えばそれよりは低い。

やがてその火は鈴木雲悦の屋敷の前辺りで消えてしまった。

怪訝に思いながらも、自邸の門を潜ろうとしていると再び背後から光に照らされる。

驚いてそちらを振り返ると、通りの脇を流れる川から火の玉が現れて、縄を解したように尾を引きながら上昇し、雲間に消えていったという。

かつて若松城下は同心円状に武家屋敷が建ち並び、ここを郭内と呼んでいたが、Kさんが青い火を目撃したのは正にこの話に出てくる場所の程近くだった。

一説では上杉時代の刑場がこの近くにあったとも言われるが、真相は今も分からない。

母屋の怪（会津若松市）

奥山さんが嫁いだお寺は東日本大震災の折、地震の影響で建物に歪みが生じ、庫裡の母屋の玄関の引き戸が開かなくなったことがあった。

大人が二、三人で開けようとしてもギシギシと軋み、半分ほど開けるのがやっとだ。

暫くは別の出入り口を使うことになった。

ある日、奥山さんの義母が母屋で寝ていると、真夜中頃にその引き戸が勢いよく開かれる音が玄関の方から響いた。

そのときは気のせいだと思い、そのまま眠ってしまったが、翌朝玄関に行くと引き戸が完全に開け放たれている。

しかし、閉めようとしても戸は全く動かない。

仕方なく男達を呼んで半ば無理やり閉めた。

後で分かったことだが、ちょうど引き戸が開いた時間帯にこのお寺の古い檀家さんが亡くなっていたのだそうだ。

大工が来て修繕が済むまでこうしたことが度々あった。

奥山さんは他のお寺の奥様とも親交があったが、そこでは夜中に本堂内を箒で掃く音がすると、檀家さんの葬式が出るのだという。

家老屋敷跡にて（会津若松市）

鶴ヶ城の正面に延びる追手町の通り沿いには幕末の頃、会津藩の重臣達の屋敷が甍《いらか》を連ねていた。

なかんずく筆頭国家老、西郷頼母《さいごうたのも》邸は建坪が二百八十坪に部屋数が三十八もある広大な屋敷だったが、幕末の戊辰戦争の折には悲劇の舞台ともなった。

慶応四年八月二十三日早朝、母成峠《ぼなりとうげ》を突破した新政府軍は若松城下に雪崩れ込んだ。銃声と砲撃の轟音が絶え間なく鳴り響き、空は黒煙に包まれ、打ち鳴らされる半鐘の音を聞いた人々が一斉に若松城内へと避難を始めたため、城下町は混乱を極めた。

城門には人々が殺到し、手負いの者の呻きや幼子の泣き叫ぶ声と、郭内に迫りくる薩長兵と迎え撃つ会津藩兵の吶喊《とっかん》の声が混然となり、正に地獄絵図と化す。

しかし西郷邸では西郷頼母の妻、千重子を始め娘達や親族二十一人は城へは避難せず、屋敷内で死装束を身に着けて広間に集まっていた。

薩長兵がここへ殺到する前に、自決するためである。

皆で辞世の句を詠むと、それぞれが刃を抜いて自刃するか刺し違えていく。

千重子は三女のたづこ（九歳）と四女のとわこ（四歳）、そして五女のすえこ（二歳）を介錯して最後に自害した。

昭和の頃、この家老屋敷跡の周辺に、ある古い屋敷が建っていた。

喇酒師のKさんは歴史のある建物や調度品が好きだったので、以前からこの屋敷に興味を持っていたそうだ。

今から三十年ほど前になるが、友人の紹介でこの屋敷を見学させてもらう機会を得た。

Kさんが屋敷を訪ねると、家の主人が玄関近くの小さな女中部屋から顔を覗かせた。

主人は四十代くらいの痩せた男性だったが、体調が優れないのか青く生気のない顔をしている。

話を聞けば、今は地主である彼だけが、ここに独りで住んでいるという。

何故広い屋敷に一人孤独に暮らしているのか、主人が語ったところによれば、この家では以前から若い女性が急死することが多かったそうで、特に彼の祖父は最初に嫁いできた妻を病気ですぐに亡くし、程なくして別の女性を娶《めと》ったが子供を産む前にその嫁も事故で急逝した。

その後に迎えた三人目の妻が辛うじて一人の男子（家主の父親）を遺したそうだが、出産から時を経ずして亡くなっている。

家主には妻子がなく、父母も既に鬼籍に入っていた。

Kさんが屋敷内を見て回ると、確かに独りで住むには多すぎるほどの部屋数であった。

一通り見物したので、帰ろうとすると台所をまだ見ていないことに気が付いた。

この屋敷の台所は非常に広く、増築されたためか廊下に面する引き戸が前後に二箇所あったそうだ。


玄関に近い方の戸を開いたとき、Kさんは息を呑んだ。

十人ほどの女性と子供が、板敷の上に向かい合って端座しているのが見えたからだ。


この家には、家主以外には誰もいないはず――。


そう思った刹那、女性達が一斉にKさんの方へ振り返った。

白い刃のような視線に刺し貫かれて、Kさんは俄かに強烈な吐き気が込み上げてきたという。

両目には涙が滲んで、胃の中のものが喉元まで上がってくる。

Kさんはその場にかがみ込み、必至で口元を押さえていると、いつの間にか家の主人が背後に佇んでいた。


人の家に幽霊が出るようなことを言うな――。


家主は急に激昂して、そう叫んだ。

Kさんは吐き気に咽んでいただけで、幽霊がどうこうなどとは一言も言っていない。

しかし家主の怒りは収まらず、そのまま外へと追い出されてしまった。

それから件の屋敷には近寄ることもなく、その後家主も亡くなり、家は絶えてしまったそうだ。

そのため、Kさんが幻視したものが何だったのかは未だに分からないままだ。

また、あれだけ部屋数が多く、もっと広い部屋も奥にあったのに、家主は何故玄関近くの小部屋に寝起きしていたのか。

ひょっとすると家主も何かの影に怯えていたのではないか――。

Kさんはそんな気がしたのだそうだ。


ところで冒頭に御紹介した西郷頼母邸跡には筆者も訪れたが、前を通る道路から眺めると若松城の天守閣は目と鼻の先である。

かつて屋敷は北追手門に程近い本一ノ丁にあったから、誰よりも早く一族郎党で城内に駆け込もうと思えばできたはずである。

しかし千重子達は屋敷に留まり自決する道を選んだ。

これは戦力にならない自分達まで籠城して、徒《いたずら》に兵糧を損耗するのをよしとしなかったためである。

同じ理由で自害した子女は、他家にも大勢いた。

西郷千重子は次のように辞世の句を残している。

「なよ竹の風に任する身ながらも　たわまぬ節は有とこそきけ」

また長女タヘ、次女タキも以下の連歌を詠んだという。

「手をとりて共に行なば迷はじよ　いざたどらまし死出の山道」

命を捧げて藩に殉じる覚悟が胸に迫ってくる。

西郷頼母邸跡の石碑の前に立って、その日に思いを致すと、静かに瞑目《めいもく》し合掌せずにはいられなかった。

忠霊堂の怪（会津盆地）

奥山さんが中学生の頃住んでいた地域には、大東亜戦争などを戦った戦没者を弔うための忠霊堂が建っていた。

お盆の時期、奥山さんの妹が飼い犬の散歩で忠霊堂の近くを通ったとき、堂内に怪しげな火が灯っているのが見えた。

忠霊堂の入り口は施錠されていて、中には誰も入れないはずだ。

不気味に思った妹さんはすぐにその場を立ち去ったが、その後も度々、霊堂の怪火を見たそうだ。

彼女はお盆の時期になると、御堂の辺りを避けて通るようになった。

奥山さんはその話を妹から聞いていたが、当時生徒会の役員だったので、慰霊祭のときに生徒を代表して献花を行うことになった。

花束を持って堂内に立ち入ると奇妙なものが目に飛び込んできた。

天井近くの壁に、泥の靴跡がべっとりと付いていたのだ。
御堂の天井は高いため、無論人間が触れる位置ではなかった。
また付近の山では、軍服を着た兵隊の姿が度々目撃されるという。

金の橋、銀の橋にて（猪苗代町）

喜多方に暮らす畑野さんという女性が語った話。

会津若松市と猪苗代町の境に、金の橋と銀の橋という二つの橋が架かっている。猪苗代湖から会津盆地へと流れる日橋川《にっぱしがわ》の中洲の両側に架かっていて、どちらも昭和三十四年に完成した双子のような橋である。

畑野さんにはお子さんが二人いたが、大学が夏休みに入ったので二人の兄妹は帰省する予定になっていた。

先に兄の毅さんが県外から帰ってきたので、郡山市の大学に通う妹の朋美さんを車で迎えに行くことになった。

夜に郡山で朋美さんを乗せて、猪苗代湖畔沿いを走る国道四十九号線を通って会津盆地を目指す。

昼間だったら天鏡湖とも称される猪苗代湖の景色を見晴らすことができるが、今は暗い湖面がわずかに外灯の光を反射しているだけだ。

やがて車が猪苗代側に架かる金の橋に差し掛かったとき、どすん、という衝撃とともに一瞬車体が沈んだ。

誰もいない後部座席に、大柄な身体の何者かが勢いよく腰を下ろしたような感じがした。

無論、走行中の車に人が乗り込んでくる訳がない。

夏だというのに車内の空気が急に薄寒くなり、肌が粟立つ。

思わず兄妹は顔を見合わせた。

言葉こそ発しなかったが、このとき何故か二人は同じことを考えた。


絶対に、後ろを振り返ってはいけない――。


見たら取り返しの付かないことになると直覚した。

後部座席に凝る黒く濃密な気配が、二人に沈黙を強いる。

首を回すことも憚《はばか》られ、特に朋美さんは固まったように前だけを向いて震えていた。

喜多方の奥まで一時間もの間、その状態で走り続けたが、やがて我が家の明かりが見えてきた。

我が子の帰りを寝ずに待っていた畑野さんは、車のエンジン音を聞きつけて玄関の引き戸を開いたが、息子の運転する車を目にすると、そのまま立ち竦んだ。

運転席の兄は目を見開いて慄《おのの》き、助手席の妹は泣き噦《じゃく》っている。

そして暗い後部座席に、何かいる――。

「ドアを開けないで！」

畑野さんは思わずそう叫んだ。

何かは分からないが、凶々しい気配が車内から染み出している。

畑野さんは家の中にとって返すと、咄嗟に思いついて台所にあった塩を持って外へと出た。

遮二無二《しゃにむに》、袋が空になるほど満遍なく車体に塩を振り掛ける。

すると黒い気配が薄らいだように感じ、二人を車外に出した。

やっと再会した三人は抱き合うようにして、その場にへたり込んだという。


このときのことは、親戚が集まったときには必ず話題に上がるほど怖い思い出となった。

この金の橋、銀の橋の周辺には怪異の目撃談が多く、霧の晩にタクシーの運転手がぶくぶくに膨れ上がった黒い影を見たりするそうだ。

追い縋る子供（会津若松市）

奥山さんはかつて仕事のため会津若松から郡山まで車で通勤していた時期があった。高速を飛ばして一時間ほど掛かる距離である。

残業で遅くなったある夜、奥山さんは高速道路を飛ばして家路を急いでいた。

磐梯熱海を過ぎた頃、運転席側の窓に白いものが映った気がして何となしにそちらを見た。

だが、異変に気が付いた奥山さんはすぐに前に向き直った。

白い服を着た見知らぬ女の子が、時速八十キロを超える速さで走行する車のすぐ横を並走していたのだ。

きっと自分は今ひどく疲れているから窓に反射した自分の顔を見たのだろう。

奥山さんはそう考えることにしたが、視界の隅にはまだ女の子の姿が見えている。

そちらを見ると良くないことが起きる予感のような、胸騒ぎのようなものを覚えて前だけを見据えて運転を続けた。

やがて高速を降りて会津若松市内に入る頃には、女の子の姿は消えていたという。

その後も夜間に運転していると、女の子の姿が現れることが何度かあったが、奥山さんは無視を決め込んでいた。

あるとき、奥山さんはその車で息子二人と金山町にある湖までキャンプに出かけたことがあった。

ひとしきりキャンプを楽しんで、日が暮れたので奥山さん達は帰路に就いた。

すっかり暗くなった道路を走っていると、後方を走る車が激しくクラクションを鳴らしている。

見れば、キャンプ場で会った親子連れの車だった。

怪訝に思った奥山さんが停車すると、車から父親が降りて大慌てで駆け寄ってきた。

「何やってんだ、女の子引き摺ってるぞ！」

そう怒鳴られたが、何のことか分からない。

皆で周囲を確認したが、女の子の姿は何処にもなかった。

「いや、確かに白い服を着た女の子を引き摺っているように見えたんだ――」

奥山さんははっとした。

この家族連れが見たのは、高速道路で並走する女の子ではなかったか。

その後、その車はマフラーが故障したので手放すことになったが、それからは白い女の子を見ることはなくなったそうだ。

会津盆地の霊能者（会津盆地）

美容師の本山さんは、これまでの人生の中で一度だけ、奇妙な体験をしたことがある。

彼女は自宅で小型犬を何匹か飼っていたが、今から数年前のある時期、犬達の様子が俄かにおかしくなったそうだ。

宅内の何もない空間に向かって吠えかかったり、急に怯えたように逃げ惑ったりする。

その様子が尋常ではないので、本山さんは会津盆地に住むある霊能者を呼んで、自宅内を見てもらうことにした。

霊能者は九十歳になる女性で大角さんといった。

彼女は本山さんの家に来ると片手に線香を持ち、もう一方の手には落ちてくる線香の灰を受けるための小皿を持って、家の中を見て回った。

この部屋にはいない、ここにもいない、と言いながら大角さんは各部屋を確認していったが、ある部屋に来たとき、「いた」と声を上げた。

彼女によれば、犬が好きな子供の幽霊が家に入り込み、犬達にいたずらをしていたらしい。

「この家で悪さをしては駄目だよ」

大角さんが誰もいない方に向かって諭すように言ったときも、本山さんはまだ半信半疑だった。

ただ、最後に大角さんが部屋の窓を開けながら「さあ、この家から出ていってちょうだい」と言ったとき、両手で包めるほどの大きさの、達磨のような白い影が窓から出ていくのが見えたので本山さんは心底驚いた。

後から考えれば、それは子供の頭部と肩のようであった。

大角さんも「今出ていったよ」と告げたが、その後に隣家の方を見ながらこう言葉を継いだ。

「今出ていった幽霊より、あの隣の家が気になるわ」

本山さんの隣の家はかつては老夫婦が住んでいたが、夫婦ともに他界したので現在では空き家になっていた。

大角さんと本山さんは外に出ていき、隣家の玄関前に立った。

大角さんによれば、屋内に仏壇と位牌が大分前から置き去りにされているという。

老夫婦には二人の娘がいて、空き家になってからも暫くの間は近所に住む妹の方が訪ねてきて、掃除や仏壇へのお供えを行っていたそうだが、結局は長女が相続することになった。

しかし、長女は遠方に住んでいるため、以来仏壇は供養仕舞いされることもなく放置されたままになっていた。

大角さんは玄関前に簡易的な祭壇を組み立て、沢山持ってきていた線香に火を灯してそこに置くと、経を唱え始めた。

すると風もないのに線香から立ち昇る煙が、玄関の引き戸の隙間から屋内へと入っていき、更には閉じられた仏壇の扉の間へと、ひゅうっと吸い込まれていった。

読経が終わると、本山さんは大角さんに隣の家が気になると言ったとき、何が見えたのか訊ねてみた。

「玄関の中からね、高齢の女性が寂しそうに外を見ていたんだよ」

大角さんはそう答えて、祭壇を片付けると帰っていった。

会津盆地には彼女のような霊能者の方が他にもおられるそうだ。

城からの霊道（会津盆地）

奥山さんが若い頃に住んでいた実家は、ちょうど鶴ヶ城と小田山を結ぶ直線上に建っていたそうだ。

小田山には会津藩士が葬られた墓や、日露戦争や太平洋戦争の戦没者の遺骨や遺髪が安置された忠霊堂も建っている。

実家の子供部屋の北西の窓からは鶴ヶ城の天守閣が見え、対角にある南東側の戸を開け放つと小田山を望むことができた。

子供の頃、奥山さんは妹さんと二人でこの部屋で寝起きしていたが、ある日奥山さんが家に帰ってくると妹さんは自分の寝具を他の部屋に移動しているところだった。

理由を訊ねると、妹はこう言った。

「お姉ちゃんは、あの部屋で寝ていて平気なの？」

幼い妹が語ったところによれば、夜中になると鶴ヶ城が見える北西の窓の向こうに、ぞろぞろと黒い人影が浮かび、それが列をなしてこちらに歩いてくるのが見えるのだという。

人影が現れると横になったまま身動き一つできなくなり、そのうちに隊列は二人の眠る部屋に入ってきて先頭の者が鉦《かね》を鳴らしつつ、陰陰滅滅とした調子で何事かを唱えながら、布団の周りをぐるぐると巡り、やがて小田山側の戸の方へと去っていく。

それが妹には堪らなく怖いらしい。


しかし、奥山さんには何も感じられなかったので、気にも留めずその部屋を使い続けた。

その後、成人した奥山さんと妹さんはそれぞれ実家を出ていたが、奥山さんが結婚後に長男を身籠った際、暫く実家で過ごすことになったそうだ。

実家も改修されていたため、かつての子供部屋は応接間になっていた。

奥山さんはちょうどその真上に当たる二階の部屋で暫く生活する予定だった。

ある夜中、大きくなったお腹を摩《さす》りながら身を横たえていると階下の応接間から、二人の男性が話しているような声が聞こえてきた。

今、実家に男性は父親しかいないので奥山さんは訝しんだ。

何を話しているかは聞き取れなかったが、何やら真剣な口調で議論しているらしい。

ただ、夜中に憚ることもなく二階まで聞こえるほどの声で話すということは、一階にいる両親も気が付かないはずはないので、多分客人が訪れているに違いないと彼女は思った。

念の為、確かめようと思い常夜灯を頼りに一階まで降りると、応接間の襖を細く開いた。

すると室内は真っ暗で、人の気配も全くない。

無論、応接間からは鼠一匹出ていった様子もないので奥山さんは首を捻った。

だが、それと同時に子供の頃の記憶が甦り、妹の言葉が過った。


お姉ちゃんは、あの部屋で寝ていて平気なの？

やはりこの部屋には何かがあると思い、奥山さんは果敢にも次の日の夜は応接間で寝てみることにしたという。


応接間の床に布団を敷いてうとうとしていると、真夜中頃に突然襖がパン、と勢いよく開け放たれた。

「今日はいつまでいらんのかし！（今日はいつまでいる気ですか）」

室内に怒声が響き渡り、襖の方を見ると母親の市子さんが仁王立ちになっていた。

奥山さんが吃驚して母に訊ねると、この応接間では夜中に度々何者かが訪れ休んでいくのだという。

いつもなら暫く話した後、何処へともなく去っていくので放っておくそうだが、その日はあまりにも遅くまで詮議しているので、堪らずに怒鳴り込んだのだそうだ。

奥山さんは昨夜聞こえた声のことも訊ねたが「いつものことだよ」と母はそっけなく言った。

子供部屋のときは何者かが通り抜けるだけだったが、或いは改築後に応接用の家具が置かれるようになったことで、留まっていくようになったのではないか。

また、この部屋に夜中現れる気配に関しては、それまでは奥山さんの母と妹のみが感じていて、彼女自身はそのときに初めて声を聞いたそうだ。

その後元気に生まれてきた長男も、この世ならざるものをよく見てしまう性分だったので、長男がお腹にいる間だけ声が聞こえたのではないか——。

奥山さんはそんな気がするのだという。

湖岸の刀（猪苗代湖周辺）

二十代の女性、末永さんが母親の由依さんから聞いた話。

由依さんは小学生の頃、猪苗代湖のとある浜から程近い集落に住んでいた。

当時、由依さんが住む家の側に、湖畔を通る道路が走っていたが、通り沿いの崖にいつの時代のものかも分からない一振りの刀が埋まっていたそうだ。

地上から三、四メートルくらい上の崖の土中から刃の一部が露出しているのが見える。


ある年の夏休みに、近くの別の集落に住む亨君という男の子が、その刀を取ってきてやると息巻いた。

由依さんより二歳ほど年上で、やんちゃな性格だったようで、悪友達を伴って件の崖へと向かった。

かなり急勾配の崖に取り付くと、勢いに任せて這い上がっていき、やがてもう少しで刀に手が届きそうなところまで登り詰める。

だが、指先が刀身にわずかに触れた途端、何故か突然彼は崖下へと落下してしまった。

仲間達が駆け寄ったが、倒れたまま足を押さえて呻いている。

亨君は結局足の骨を折ってしまい夏休み中は家で療養せざるを得なくなった。

ただ彼は、人一倍体力があるので怪我が治ればまた元気に出てくるだろうと友人達は思っていた。

しかし、二学期が始まっても亨君は登校することはなくそのまま小学校を卒業してしまったという。

由依さんは亨君とは学区が違ったため、中学校に進学した後は彼と会うこともなかった。

やがて成人した由依さんは実家を出て、郡山市に移り住んで会社勤めを始めた。

あるときたまたま猪苗代の実家に帰省した際、亨君の話を耳にしたそうだ。

由依さんの祖母の話では、彼は成人して間もなくひっそりとこの世を去っていた。

内臓の重篤な病を患っていたらしいが、どうもあの刀に触れたことが原因ではないかと集落の人々は実《まこと》しやかに噂していたようだ。


のちに末永さんが大学生時代のゼミの教授から聞いたところによれば、例の崖があった一帯は領主に献上する刀を作るためのたたら場があったらしい。

猪苗代湖の周辺からは鉄滓《てっさい》が出土し、古くから製鉄が行われていたことが分かっている。浜辺から採れる豊富な砂鉄から玉鋼《たまはがね》を精製していたのだ。

江戸時代には、会津藩は優れた刀匠を召し抱えていて、会津正宗と称された三善長道や十一代会津兼定（和泉守兼定）が特に有名だ。

現在の喜多方市出身の阿部佐市によって、昭和十一年に書かれた説話集『会津怪談集』にも刀に纏わる怪異が記録されていて、一部要約すると次のようになる。

〈明治二年のこと、ある男性の妻が度々病に臥《ふ》せるようになった。

不審に思った男性は祈祷師に見てもらったところ、宅内の土手に久しく埋まっている寳刀が祟っているらしく、その刀を見つけて神棚に祀れば、妻が怪しい病に冒されることはなくなるという。

男は庭を必死で探したが、刀は見つからない。

そこで毎夜丑の刻に、入田村沼尻の紫雲山不動尊に参り祈願すると、ある夜不動尊が夢枕に立ち、櫻の根本に刀が埋まっていると告げた。

すると確かにその場所から箱に入った刀が見つかったので、掘り出してみた。

刀は殆ど錆びていたが、微かに銘が読み取れる。

何と陸奥《むつ》大掾《だいじょう》三善長道と彫られていた。男性が大切に神棚に祀ったところ、妻の病気は平癒したという〉

刀には奉納刀のように神仏に捧げるために打たれたものや、持ち主に祟るとされる曰く因縁のある刀もある。

亨君が取ろうとしたものも、決して人が触れてはいけない刀だったのだろうか。

救急病棟の具足武者（会津盆地）

奈緒美さんはかつて、会津のとある大病院に看護師として勤めていた。

その病院は現在では改築により、各病棟の位置が変わっているが、以前は一般病棟から救急病棟へ抜けるのにクランクのような通路を通る必要があった。

奈緒美さんは急患の担当ではなかったが、その日は用事があって救急病棟を訪れたという。

救急搬送口の前を通り過ぎたとき、閉じられた扉の前に誰かが立っているのを視界の隅に捉えて、振り向いた。

頭からつま先まで、甲冑を纏った人影がこちらをじっと見ている。

会津には古式砲術の演舞を行う団体もあるため、その関係の人が練習中の怪我か何かで来ているのかな、と奈緒美さんは思ったそうだ。

一旦は目を逸らしたが、やはりおかしいと思ってもう一度そちらを見ると、そこには誰の姿もなかった。

吃驚してそのことを同僚の看護師に話すと、淡々とした調子で同僚は答えた。

「それ、生きてる人じゃないんだよね。でもそれが出るときには急患は来ないんだよ」

その言葉通り、その日は急患が運ばれてくることはなかったという。

凶兆、或いは古井戸の神（会津若松市）

奥山さんが嫁いだ寺の境内には、古井戸がある。

堅牢な石造りの井戸側に屋根と滑車が付いた、所謂《いわゆる》釣瓶《つるべ》井戸だ。

古地図を確認すると、以前から同じ場所にあったようで、現在では蓋がされているが五十年ほど前までは洗濯用の水を汲み上げていたそうだ。


ある夜、たまたま奥山さんの実母である市子さんが寺を訪れていて、二人で一緒に境内を歩いていたが、市子さんが頻りに井戸の方を気にしている。

立ち止まって井戸をじっと見ていたかと思うと、その視線は虚空へと移って、境内の反対側にある古い松の木で止まった。

今度は逆に、松の木から井戸へと視線を戻す。

それを繰り返しているので、怪訝に思った奥山さんも井戸や松の木の方に目を凝らしたが何も変わったことはない。

何をしているの、と訊くと市子さんはこう答えたという。

「あんたの旦那さんか、お義父さん——。身体は大丈夫なのかい?」

「別に大丈夫だけど……」

「あんたの息子達は大丈夫そうだしねえ」

奥山さんには母の言葉の意味が、そのときは分からなかったそうだ。

それから間もなくして、義父の弟が癌で亡くなった。

発見されたときには、既に末期であったそうだ。


奥山さんが弟さんの訃報を市子さんに電話で伝えると、彼女はこう答えた。

「ああ、弟さんの方だったんだね」

その言葉の意味を訊ねると、あの晩境内を並んで歩いているとき、井戸の所に老人がいるのが見えたのだという。

奥山さんには人影すら見えなかったが、母親の目には井戸から松の枝へと飛び移り、また飛び跳ねて井戸へと戻るのを繰り返す不気味な翁の姿が映っていた。

しかも、似たようなものが市子さんの実家にもかつて現れたことがあったそうだ。

実家にも手押しポンプの付いた古い井戸があったが、奥山さんの曽祖父が亡くなったとき、井戸の側に白い老人が立ち、井戸と庭木との間を同じように跳梁《ちょうりょう》するのを市子さんは見ていた。

あれはね、その家にいる男を殺すんだよ――。

実家に現れた翁と寺の境内で見たものが、同じだったかは分からないそうだが、奥山さんの息子達も幼い頃は井戸に近付くのをとても嫌がっていたそうだ。

雄国沼の怪（北塩原村）

会津地方北部に位置する裏磐梯には国の天然記念物にも指定された雄国沼湿原が広がっている。

雄国沼は猫魔火山の火山活動によって生じたカルデラ湖で、外輪山の内側には広大な湿原が発達し、数多くの湿原植物が群生している。

特に六月下旬頃から七月上旬に掛けては鮮やかな黄色のニッコウキスゲが一斉に開花し、大群落を形成するため壮観である。

郡山に住む彩月さんという二十代の女性は山登りを趣味にしていたので、休日に友人のしのぶさんを誘って雄国沼へトレッキングに行くことにした。

郡山から裏磐梯まで車を走らせ、桧原湖畔の駐車場に車を停めて山へと入る。

ピーク時にはマイカー規制が掛かり、シャトルバスが運行するほど観光客でごった返すが、その日は閑散期で小雨もぱらついていたためか、駐車場には彩月さんの車以外は駐まっていなかった。

カッパを着て山道を登り始めたが、小雨はやがて霧状の雨に変わったので非常に視界が悪い。

だが天気予報によれば昼過ぎには晴れるはずなので、二人は足元に注意しながら登っていく。

大分山中に入ったところで、先に立って歩いていた彩月さんがふと、視線を上げると前方に人影が見えた。

登山用の帽子を被り、リュックを背負った男性らしき姿が、雨が烟《けぶ》る中に佇んでいる。

空は低く雲が垂れ込め、陽射しなど出ていないのに額のところに手を翳《かざ》しながら、遊歩道の傍を流れる沢を覗き込んでいる。

彩月さんは怪訝に思った。

麓の駐車場には自分達が乗ってきた車しかなかったはずである。

だが、気にしていても仕方ないので、また足元に視線を落とし登っていく。

暫く進んで、再び顔を上げたとき、先ほどの男性の姿が同じくらい先の距離で、また立ち止まっている。

さっき見かけたときと同様、頻りに沢の方を気にしている様子だった。

そのようなことが何回か続いたが、彩月さんとしのぶさんの二人はやがて山小屋へと辿り着いた。

山小屋に入ると、床に一人分の足跡が付いているのに気が付く。

先ほどの男性も先に着いていて、ここにいるのだろうと彩月さんは思ったが、同時に違和感を持った。

足跡が建物中央辺りの壁の前で途切れている。

何より、自分達の周りの床はカッパから滴り落ちる水滴でびしょびしょなのに、足跡の周囲にはそれがない。

行きの足跡のみが壁の前まで続いているだけだ。

その壁の上部はロフトのようになっているそうで、柵で囲まれているが周囲には上がるための梯子もない。

だがひょっとして、先ほどの男性はそこにいるのではないかと思い、彩月さんは壁に歩み寄って視線を上に向けようとした。

「見ちゃだめ！」

後ろにいたしのぶさんが鋭く叫んだ。

「絶対に上を見ないで」

しのぶさんはそう言いながら、彩月さんの腕を掴んで入り口の方へと引っ張っていく。

「もう出よう！」

「でも、まだ雨降ってるよ！」

彩月さんの言葉には耳を貸さず、しのぶさんは強引に山小屋の外へと連れ出した。

結局二人はカルデラ湖を眺めることもなく、雨のそぼ降る中を無言で下山した。


帰りの車の中でも、しのぶさんは鬼気迫る表情を崩さないので、彩月さんは山小屋で彼女が何を見たのかを訊ねることができなかった。

そして、未だにしのぶさんはこのときのことは話してくれないのだそうだ。

付喪神（会津盆地）

奥山さんは七、八年前から着物の魅力に目覚め、普段からよく着るようになった。

奥山さんの周囲でも、最近では着物を着る人が少なくなったので、彼女の許には叔母のお下がりや、遠い親戚がもう着なくなった古い着物が沢山集まってくるようになったそうだ。

奥山さんの実父は手術の後、実家でほぼ寝たきりとなり、一年ほどのちに逝去した。

ある日、奥山さんは亡き父親が寝ていた部屋を片付けるため実家に戻っていた。

その晩は父の部屋の隣の部屋で床に就いたが、真夜中頃に妙な音が聞こえだした。

耳を欹《そばだ》てると、甲高い声の女の子二人が、早口で何事かを話し合っているようだった。

気になって話の内容を聞き取ろうとするが、どうも要領を得ない。

ただとても楽しげに話しているのは声音から伝わってくる。

いつまでも話し続けているのを聞いているうちに、奥山さんは深く寝入ってしまった。

翌日目覚めると片付けを再開したが、部屋の隅に置いてある箪笥《たんす》がどうにも気になって仕方がない。

その箪笥は、奥山さんが寝ていた部屋の壁に密接しているのだが、思い返せば昨夜の話し声が聞こえたのは、ちょうどその辺りではなかったか。

生前、父の寝床を移動することができなかったので、その箪笥の引き出しも暫く開いていなかった。

奥山さんは意を決して、箪笥の引き出しを開けてみた。

するとそこには叔母の遺品である着物が山のように仕舞われていた。

それだけでなく、着物に付いた家紋を見ると複数の親戚から贈られたものも相当数あるようだった。

古い着物に憑いた何者かが、奥山さんがよく着物を召されるので、また着てもらえるかもしれないと喜んで、夜中にお喋りしていたのではないか——。

奥山さんと母の市子さんは部屋の片付けをしながら、そんな話をしたそうだ。

城の側の高校にて（会津若松市）

鶴ヶ城のほど近くにかつて高校があったが、咲枝さんが通っていた時代には女子校であったそうだ。

一年生のとき、最初の期末試験があったが、試験が始まって暫くすると廊下が俄かに騒がしくなった。

何処から来たのか、大勢の女性達が何やら話し合っている。

ただ、周りの他の生徒達は気にする様子もなく試験に集中している。

高校生にもなると、このぐらいの騒音は気にしないものなのだろうか。

咲枝さんはうるさく思いながらも試験の問題を解いていった。

試験が終わると、いつの間にか話し声は止んでいた。

だが、近くにいたクラスメイトに試験中の喧噪のことを訊ねると、誰一人そんな声は聞こえなかったという。

ただ、思い返して見ると監督していた教師だけは、何度か席を立ち廊下を見に行っては首を傾げていたそうだ。

教室の廊下側の壁には窓が付いていたが、その試験の日から、咲枝さんはその窓ガラスに人影が映るのを度々見るようになってしまった。

実は会津怪談集にも次のような怪異が記録されている。

「天正十二年、会津黒川城主（現在の鶴ヶ城）の蘆名盛隆《もりたか》が寵臣《ちょうしん》であった大庭三左衛門によって弑逆《しいぎゃく》されるという事件が起きた。

この前日の夜中、黒川城内の空部屋から大勢が啜り泣く声が度々聞こえてきたという（意訳）」

咲枝さんが聞いた大勢の話し声は、会津怪談集に記された怪異と何か関係があるのだろうか。

濡れ縁に立つ影（会津坂下町、萩市）

かつて会津坂下町に住んでいた節子さんは、あるとき友人と二人で山口県萩市に旅行に出かけたことがあった。

萩市周辺を観光した後、萩城から程近い旅館に宿を取った。

彼女の泊まった部屋は風情のある和室で、障子を開けると濡れ縁があり、その先に庭が広がっていた。

昼間歩き疲れたこともあり、節子さんは布団に入ると深く寝入ったが、真夜中にふと目を覚ました。

見ると障子の向こうに影が浮かんでいる。

それが、障子の隙間からこちらの様子を窺《うかが》っているようなのだ。

闇に目が慣れてくると、肩が鋭角に張り出したその影は、どうも裃《かみしも》を着けているようだった。

今時、そんな格好をしている者はいない。

この世の者ではない、と節子さんが思うと同時に指先まで動かせなくなった。

障子の影から目を逸らしたかったが、瞼を閉じることもできずそちらに釘付けになったままである。

慄きながら見守っていると、影はその場に座り手を突いて頭を下げた。

何か口上を述べているようだったが、耳慣れない言葉だったためよく分からない。

だが声の調子から、頻りに詫びているような気がしたという。

翌朝、起床すると節子さんの友人も夜中に縁側から度々足音が聞こえたと告げた。

かつて萩市は長州藩の所領であり、戊辰戦争では会津城下で激しい戦があった。

武士の霊が会津人である節子さんに詫びに来たのではないか。

ふとそんな想像をしたのだそうだ。

旧三森トンネルの話（三森峠）

トンネルに関する怪談は多いが、会津と郡山の境にあるトンネルでも、かつて幽霊譚が囁かれていた。

福島県のほぼ中央には猪苗代湖という日本で四番目に大きな湖がある。

夏は湖水浴を楽しむ観光客で賑わい、冬は白鳥の群れを見ることができる風光明媚な場所だ。

ただ、怪談好きの方なら御存じかもしれないが、心霊スポットと噂される場所が湖の周囲に点在している。

その中でも郡山側から湖へ向かう道の途中に、かつて存在した旧三森トンネルに関する話。

件のトンネルはその名の通り、三森峠という山の頂上近くを通っていた。

筆者もまだ小学生だった頃、つづら折りになった山道を父が運転する車に揺られて越えたのを記憶している。

ただ、実家の近所の子供達の間では、この三森峠は畏怖の対象だった。

なぜなら、その峠で幽霊を見たという話が後を絶たなかったからだ。

あくまで噂だが、峠で変質者に誘拐された果てに殺害、死体遺棄された女児の霊が夜の山道やトンネル付近に現れるという。


五十代の女性、百合江さんがまだ若い頃、彼女は仲間達と猪苗代湖で遊んだ後の帰り道、ワゴン車の後部座席に乗って件のトンネルを通り抜けた。

車窓からトンネル内のひんやりとした空気が流れ込んでくる。

ふと横の席を見ると、女友達の那美の様子がおかしい。

身体を強張らせて、冷や汗を流している。

百合江さんが話しかけてもまっすぐ前を見たまま、口を固く引き結んでいるのだ。

那美はトンネルを抜けた後も、一言も喋らなかったが車が峠道を下りた頃、深くため息を吐いた。

「ねえ、どうしたの？」

百合江さんが訊ねると那美はおずおずと口を開いた。

「さっきのトンネルの中を通っていた間中、窓枠に女の子が泣きながらしがみ付いてた」

当時、その車にエアコンはなかったらしく窓は開け放たれていた。

そこに見知らぬ女児が何かを訴えるように、泣きながらへばりついていた——と。

因みに現在は峠の麓を通る新トンネルがあるので、旧三森トンネルへ至る道は封鎖されている。

今ではトンネルは土中に埋まり、周囲も自然に還っているようで、遭難の危険があるため立ち入ってはいけない。

滝沢峠の怪（滝沢峠）

福島県在住の怪談蒐集家ほしじろ氏が取材した話。

かつて会津盆地から白河方面へ抜けるための白河街道が滝沢峠を通っていた。往時には参勤交代の大名の一行や商人達がこの街道を通るため賑わっていたが、現在は滝沢バイパスの開通によって国道から市道に変更されている。

夜間に車で峠道を通っていると、三輪車に乗った男の子の霊が出るとか、霧の出た日には頭部が犬の女の子が現れる、などといった不気味な噂が囁かれる場所でもある。

今から三十年ほど前、会津若松市に住んでいた枚本さんが高校生の頃、バイクの免許を取得したので、ある夜男友達とともに二人でツーリングに行くことにした。

市内から猪苗代まで出ようと言うことになり、タンデムで滝沢峠を越えるルートを登っていった。

季節はちょうど秋頃だったので、少し冷たくなった深夜の空気を切りながら走っていると、前方にも二輪車がいるのに気が付いた。

自分達と同様に二人乗りだったが、後部座席に乗っているのは女性らしかった。前の男性の腰に腕を回し、ぴったりと身体を密着させている。

当時は若く血の気も多かった枕本さん達は、からかってやろうという気になり前を走るバイクに接近し横付けした。

冷やかしの言葉を浴びせようと、男女の方を見ると——。

二人の頭部の片側がばっくりと欠損していて、赤黒い断面が覗いていた。

呆然とする枕本さん達を残して男女二人を乗せたバイクは峠道の先の暗がりへと吸い込まれていった。


それから三日ほど経ったある朝、枕本さんが起きて居間に行くと父親が新聞を読んでいた。

「滝沢峠で事故があったらしい」

若い男女の遺体が山中から発見されたというニュースだった。

あの夜走行していたバイクは、或いは事故に遭った自分達の存在を発見してほしかったのではないか。

枕本さんは若き日を振り返り、そう思うのだという。

因みに会津若松側の麓には、領内巡視の際に藩主が休憩所として使っていた会津藩御本陣（旧滝沢本陣）が当時の姿のまま残されている。

戊辰戦争の際には会津藩の本営となり、松平容保の下命によって白虎士中二番隊がここから出陣している。

座敷の柱や板戸には刀傷や弾痕が生々しく残り、当時の戦いの激しさを今に伝えている。

燐光（昭和村）

これも奥山さんから伺った話。

県内に昭和村という四方を山に囲まれた緑豊かな山村がある。

戦後間もなくの頃、この村の役場近くで旅館を営むある家に仲の良い小学生の姉妹が暮らしていた。

ある夜のこと、幼い姉妹は親の言いつけで隣の集落まで卵を買いに、お使いに出なければいけなくなった。

隣の集落へと通じる道は今でこそ温泉旅館などが建っているが、当時は舗装されておらず外灯の一つもない。

曇った晩などは鼻を摘まれても分からない闇夜である。

加えてこの辺りでは昔から、夜中に出歩くと狐狸の類に化かされるという噂があった。

二人は提灯を提げて不安を紛らわせるように互いの手を握り、砂利道を進んでいった。

どのくらい歩いたときだったか、途中で妹が愚図りだした。

疲れてもう歩けないといい、道端に座り込んでしまったのだ。

どれだけ宥《なだ》め賺《すか》しても、一向に動こうとしない。

仕方なく姉は妹にここで待っているようにと告げると一人、隣の集落へと急いだ。

提灯の淡い橙色の火はゆらゆらと、足元のごく狭い辺りを朧《おぼろ》に照らすだけでいかにも心許ない。

やっとの思いで歩き通し、隣の集落の明かりが道の先に見えたとき、姉は安堵の息を吐いた。

そのとき眼前に、大きな黒い影がぬっと現れて彼女の行手を塞いだ。

突然のことに吃驚して姉は悲鳴を上げ、脱兎のごとく駆け出した。

影を躱《かわ》して必死に集落へと走るが、影も後を追ってくる。

集落内の卵屋に転がり込むと、追い縋る影もよろよろと店の中に入ってきた。

影の正体はといえば、この集落に住む認知症を患ったおじさんだったのだ。

ひどく怖い思いをしたものの、姉は卵を買うと妹の許へと急いだ。

妹は言われた通りに待っていたが、膝を抱えてしくしくと泣いている。

姉が、一人で心細かったのか、と訊ねると妹は首を横に振った。

妹が訴えるところによれば、ここで待っている間中、誰かが着物の袖を幾度も引っ張ったのだという。

姉は先ほどのおじさんの仕業だろうと思い、先刻あったことを話して聞かせると妹は納得したのか目を拭って立ち上がった。

二人が帰ろうとして、川向かいの山にふと目をやると——。

山中に鮮やかな青い光がぽつ、ぽつ、と灯った。

それら幾つもの青白い炎は明滅しながら山の中腹をゆらゆらと移動してゆく。

不可思議な光景に二人は暫し言葉を忘れて見入っていた。

「狐火だ」

どちらかがそう言って、顔を見合わせると姉妹は急いで旅館へと帰ったのだった。

「それは、ただの燐光だ」

見たことを父親に話すと、そんなことを言われた。

燐光は動物の死骸から出たリンが燃えているだけだから心配要らないのだという。

あの不気味な火には理屈があるのだ。それならこの辺に出る狐の噂も、やはりあのおじさんのせいかもしれない。

姉妹は子供心にそう思った。

それからも二人は度々、隣の集落にお使いに行くことがあった。

時々、山中に灯る青い火を見かけることがあっても特段怖いものではないと思うことにしていた。

しかし姉妹は成長してからそれを思い返してみると妙だなと思うようになった。

あの夜、おじさんは隣の集落の方から現れたのだ。

それでは妹の着物の袖を引っ張っていたのは一体誰だったのか。

燐光の話にしても、姉妹が夜にお使いに出るのを怖がらせないための方便ではなかったのか。

「狐のいたずらは命までは取らない」

後に父は、そう言って笑っていた。

移動映画館の怪（昭和村）

かつて、奥山さんの母親の実家は昭和村で旅館業を営んでいた。

近くに小学校が建っていたこともあり、夏になるとその旅館の大広間に移動映画館がやってきて、村の子供達を呼び集めて映画を上映していたそうだ。

当時小学生だった奥山さんはよく旅館の手伝いをしていたので、その地域の子供達とも顔見知りだった。

ある年の夏休みの夜も上映会が催されることになり、奥山さんもその手伝いに駆り出された。

子供達が何人来るかは予め分かっていたので、旅館の方で菓子袋を人数分だけ用意していたという。

奥山さんは大広間の戸口に立って、やってきた子供達に一人ずつ菓子袋を渡していった。

これから上映なので大広間の明かりは落とされていたため顔はよく見えなかったが、嬉々として菓子袋を受け取りながら、前を通り過ぎていく子供達の頭数を、奥山さんは声に出さずに数えていた。

用意していた菓子袋を渡しそびれることのないように。

やがて、すっかり全員が大広間に入り映画は始まった。

しかし、観客の子供達を後方から眺めていた奥山さんは奇妙なことに気が付いた。

銀幕の光の前に浮かぶ子供達のシルエットが、一人多い。

奥山さんは首を傾げた。何度数え直しても一人多いのだ。

全員が彼女の立つ戸口から入ってきているので、他所の子供が紛れ込んでいるはずはない。

そうしているうちに上映が終わり、子供達は来たときと同じように、開け放たれた戸口から外に出ていく。

その間も奥山さんは来ていた子供達の顔を、何処の誰と一人一人頭の中で反芻《はんすう》してみたが、いるはずのないもう一人が誰なのか、皆目見当が付かない。

目の前を流れていく子供達の列を眺めながら、奥山さんは思わず呟いた。

「誰か、お菓子貰ってない人いないのかなぁ……」

するとほの暗い大広間の何処かから、

どうして分かったの――。

と女の子の声が聞こえたという。

当時、この旅館では座敷童子が出るという噂があったそうだ。

会津怪談

吉田悠軌の章

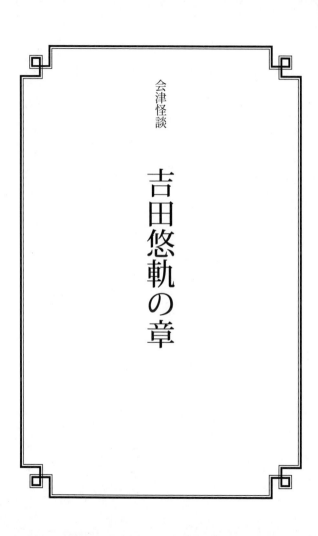

幽霊ペンション（猪苗代町）

竹春さんはとある住宅会社のトップ営業マン。

そんな彼も昔、微笑ましい不良少年だった時代がある。人や物に暴力を揮ったことはないものの、高校時代から飲酒喫煙は当たり前の生活をしていたそうだ。

地元である会津地方では遊ぶ場所もあまりなく、心霊スポットでの肝試しは仲間うちの恒例行事だったとか。

「会津は車で十分も移動すれば、何かしらの心霊スポットに行きあたる」

というのが竹春さんの主張だが、やはり地元の二枚看板は「Oペンション」「Yロッジ」となる。本書読者の殆どが知っているだろう、超有名スポットだ。


とある深夜のこと。

竹春さんは友人数名と車に乗り込み、おばけペンション又は幽霊ペンションとも呼ばれるOペンションを目指した。

「一家心中した家族の霊が住み着いているんだってさ」

インターネットから仕入れた情報を半笑いで語っていたのは、どいつだっただろうか。

適当な場所で車を停めた後、一行は徒歩にて山道を登り、現場に辿り着いた。

「怖え怖えぇ」などと騒ぎ立てながら、建物の中を散策していく。

元は吹き抜けだったであろうリビングを、レンガの壁が半円形に取り囲んでいる。その前には特徴的な薪ストーブの残骸が、まるで古代遺跡のモニュメントであるかのように、朽ちるに任せ眠っている。

「俺、地下室に行きたい」

突然、友人の一人がそんなことを言い出した。

彼が指差しているのは、ストーブの脇の床。そこには扉らしき区切りと取っ手が見えた。どうやら床下にもそれなりの空間があるようだ。

友人は地下室への扉を上方へと傾けた。重い音を立てて金属の戸が開き、空気が流れるのを感じた。

竹春さんがちらりと覗けば、暗闇だけの穴があるばかり。下にどれだけのスペースがあるのか見当も付かない。

「俺、ここ降りるよ」

危険を顧みずに友人が言う。蛮勇を誇示したいと気負っているふうもなく、さも当たり前のことのような淡々とした声色である。

「……お前行ってこいよ。俺らは別んとこ見てくるわ」

竹春さん含め残りのメンバーは恐れをなし、彼一人を置いていくことにした。

そのまま屋外へと出ていき、雑木林を探索しつつ数分ほど経った頃だろうか。

背後の建物から、凄まじい絶叫が轟いた。

明らかに、そこに残してきた友人の声である。

一行は黙って顔を見合わせた。暗闇の中でも互いの顔色が蒼白となっているのが分かる。口には出さないが、全員がそのまま逃げ出したいと思っていたはずだ。

「……置いていく訳には、いかねえか」

恐る恐るペンションへ入っていくと、例の友人はストーブの脇にいた。レンガ壁を背にして体育座りでじっと固まっている。

「おい、大丈夫か」

声を掛けたが微かに反応するばかり。肩を揺すってみれば、全身が緊張し、ガチガチに強張っている。

その手足をほどくようにして立たせると、両肩を二人掛かりで抱え、何とかペンションから連れ出した。

「何があったんだよ、さっき」

帰りの車内にて、やや落ち着き始めた友人に訊ねてみたところ。

「……俺が地下室に降りていったら」

広いのか狭いのか把握できない空間だったという。ただし一面の壁だけは目に入った。

その壁だけが、何故か光を発していたからだ。

いやよく見れば、壁自体から光が発しているというよりも、まるで映写されたスクリーンのように壁の表面に何かの映像が現れている。

それは火災の光景だった。家族であろう大人と子供達が燃え盛る炎の中で蠢《うごめ》いている。

みるまに彼らの身体は火に包まれ、苦しみながら焼け死んでいく。

無声映画のように静かに、しかし鮮明すぎる映像がありありと目の前で展開していく。

すると、家族の中の一人がこちらに気付いたのだという。

焼けただれた顔の、もはや男か女か分からないものが自分を真正面に見据えたかと思うと、こんな言葉を告げてきた。

「お前も事故で死ぬよ」

――この予言が当たったのかどうか、本当にその友人が後に事故死したのかどうか。「お前も」という言い方は一体何を意味しているのか。

申し訳ないが、それについての情報を私は聞き及んでいない。

このエピソードは竹春さんに直接取材した訳ではなく、その会社の部下の女性から聞いた話だ。つまり上司である竹春さんが語った体験談を、その女性が私に間接的に教えてくれたということになる。そのため細部についての具体的情報を追究できていないことは、正直に告白しておく。

そしてそもそも、あのOペンションに地下室は存在しない。

インターネットでは「地下のワインセラーでペンションオーナーが自殺した」という噂が流布している。訪問したことがないのであれば、Oペンションに地下室があると誤解している人も多いだろう。

しかし昔と異なり、ＹｏｕＴｕｂｅなどで現地の突撃動画が溢れ、ブログなどでも検証記事がアップされている昨今。この廃墟に地下室などないことは明らかな事実として結論づけられている。

私自身も実際に現地を訪問しているが、幾ら探しても地下への入り口を見つけることはできなかった。

十五年前のＯペンション

レンガ壁とストーブのあたりに地下室入り口があるという噂だが

しかし地元で育った竹春さんが、これも地元民である私の知人に、すぐバレるような真っ赤な嘘を吐くとは考えにくい。

事実がどうであれ、そのときの竹春さんは扉越しに、あるはずのない「地下」を確かに視たのだろう。

そして地下室に潜った友人も、また。

若松連隊の行進（南会津町）

今年で八十六歳になるミエさんの思い出。

まだ幼い頃、旧・田島町の実家に住んでいたミエさんは、用を足そうと厠に入った。

その厠には低い天窓があり、外の風景を見上げられる。

冬晴れの日で、街には雪が積もっていた。もちろん仰ぎ見る角度なので地面は視界に入らない。しかし積雪が太陽の光を照り返し、空気を細かく輝かせていることは感じられた。

中腰でしゃがんだまま、ぼうっと見つめる視線の先、天窓でくりぬかれた青空には、黒い横線が走っている。

電線である。ちょうどこの角度からだと、木製の電柱から次の柱へと延びる電線が目に入るのだ。

その黒い線のすぐ真下に、人が現れた。

一人ではない。天窓の枠の上手から下手へ、若い男たちが次々に登場してくる。

皆一様に軍帽と軍服を着こみ、ぴったり整列しながら歩いていく。

いや歩くというよりも滑るように、上体を動かさず滑らかに進んでいく。

浮かんでいるのだ、とミエさんは思った。

彼らの軍帽は、電線すれすれの位置に掛かっている。幾ら当時の電柱が今より低くても、そこまで背の高い人間はいない。

兵士たちは、そのままますうっと音もなく浮かびながら、天窓の中を横切っていった。

「角度と積雪のせいで、そういうふうに見えたんじゃないの」

時を経て、もう中年となった息子にこの思い出話を語ったところ、そのような疑問を呈された。

「斜め下から見上げていたんだし。兵隊さんたちも積もった雪の上を歩いているから、いつもより高い位置だったろうし。それで頭が電線とかぶっていたのでは？」

違う、そうではない、とミエさんは否定した。

確かに彼らは宙に浮かんでいたのだ。

雪はあったけれど、昔も今もそこまで高く積もったためしはない。大勢で行進していたのに雪を踏みしめる音も一切しなかった。それよりも何よりも。

「全員、腰から下がなかったんだからね」

その冬の日はいつだったのだろうか。

ミエさんが国民学校に上がる手前の年だったというから、恐らく昭和十八年（一九四三年）末から十九年（一九四四年）初めの辺りとなる。

そしてミエさんが見た兵士たちは、歩兵第二十九連隊の人々だったと考えてよいはずだ。会津若松を拠点とし、ほとんどが福島県内の出身者たちで構成されていたため、別名を「若松連隊」という。

この前年の昭和十七年十月、若松連隊はガダルカナル島に上陸した。そして翌年二月の撤退までに、餓死と病死と戦死によってほぼ全滅してしまう。上陸した二千四百五十三人のうち撤退できたものは二百五十三名、しかもうち二百三名が再起不能の重体だった。

それら死者の中には、田島町出身のものもいただろう。

ミエさんが見たのは、南方で散った魂が郷里へ帰ってきた姿だったのだろうか。

いや、それとも。

この冬の日、若松連隊の残存兵たちはフィリピンのマニラに駐留していたはずだ。

一方の国内では、壊滅した連隊の再編成に動いていた。召集された兵士たちを、すぐにマニラへ補充しなければならなかった。

つまりこの冬の日はちょうど、新たな若松連隊の兵士たちが出征していくタイミングだったのである。

若松連隊はその後も、ビルマ、雲南と転戦を重ね、ベトナムにて終戦を迎える。しかし戦後になってまでも、捕虜であった若松連隊はイギリス進駐軍によって強制的にベトミン（ベトナム独立同盟会）との闘争を余儀なくされる。

これら全ての戦闘において、多くの戦死者が出たことは言うまでもない。

となるとミエさんが見た、あの腰から下のない兵士たちは、また別の意味にもとれるのではないか。

それは死者たちではなく、これから死ににゆくものたちの行進だったのではないか、と。

参照
『若松聯隊回想録』（編：星平三郎ほか、若松聯隊記念事業実行委員会　一九六七年）
『若松聯隊写真集　栄光の五十年』（編：若松聯隊写真集編纂委員会・若松聯隊写真集編纂協力会、国書刊行会　一九七八年）

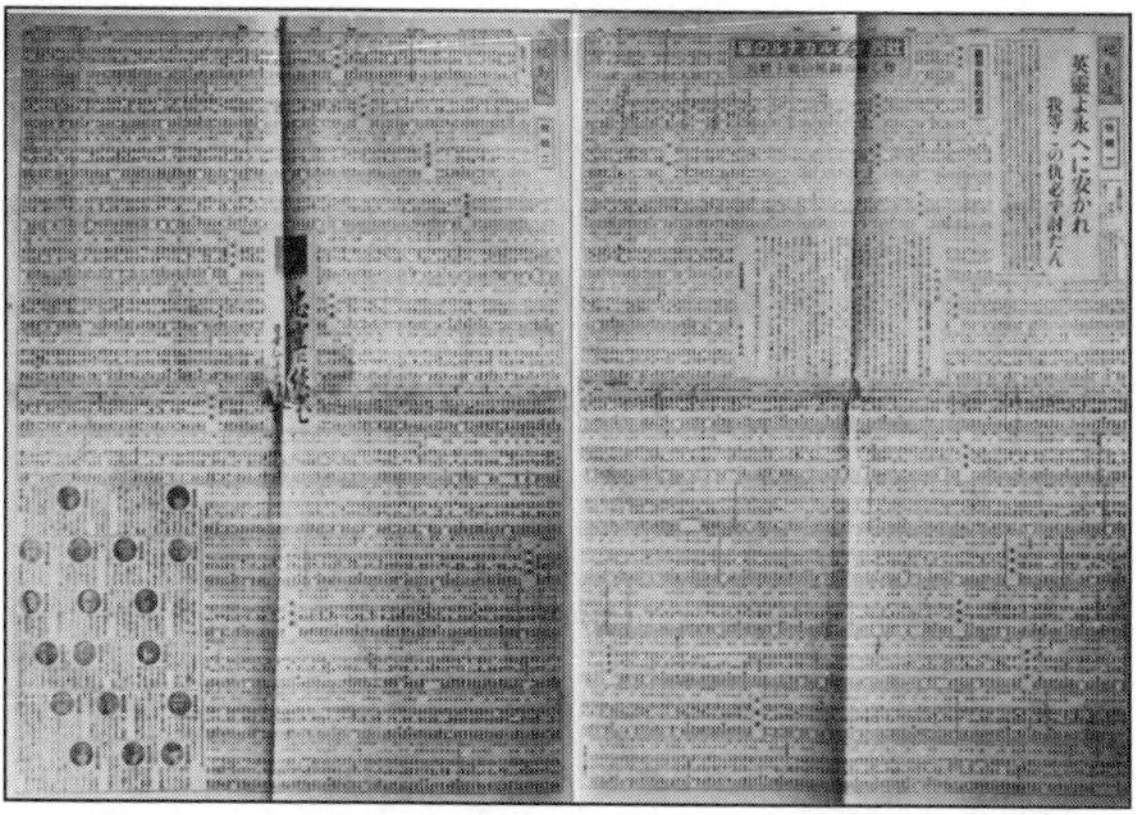
英霊よ永へに安かれ
我等この仇必ず討たん

若松連隊員のガダルカナル島戦死を伝える記事（『若松聯隊写真集 栄光の五十年』）

仲間の遺骨とともに若松駅へと帰ってきた若松連隊（同上）

つつまれる（南会津町）

これもミエさんの思い出である。

ある日のこと。ミエさんは実家に隣接した田んぼで奇妙なものを見かけた。

田の真ん中で、人の形をしたものがぐるぐるぐるぐる回っている。

遠目にはよく分からないのだが、何か小さいものを抱えてもいるようだ。

気味悪く思ったミエさんが、その場にいた兄弟とともに田んぼの方へゆっくり近付いてみると。

それは自分の兄だった。

八人兄弟のうち、ミエさんは下から二番目、回転しているのはその長男である。

長兄は両手に二足の靴を抱えていた。

それが彼の持ち物なのは、ぐるぐると踏みまわる両足が裸足であることから明らかだ。

自分達にも気付かず、長兄は無表情でひたすら同じ行為を繰り返している。

あまりに恐ろしく、兄弟達は声も掛けずに家へと逃げ戻った。

暫くして、その兄が帰宅した。何事もなかったかのように玄関の土間に立っているので、

「何してたの？」

そう訊ねたところ、ただ一言。

「帰ってきた」

とだけ返され、二の句が継げなかったそうだ。

そのときも兄はまだ、自分の靴を大切そうに抱えたままだった。

当時の田島町では、そうした奇行をしてしまう人がちらほらといたそうだ。少なくとも家の近所で、突然おかしくなって似たような行動をする女性はまだ他に二人もいた。

そんな状態になった人間を田島の人々は「狐につつまれた」と表現していたらしい。狐に「つままれた」ではなく「つつまれた」らしい。この点について息子さんに何度も確認してもらったのだが、ミエさんによれば確かに「つつまれた」という言い方をしていたとのこと。

独特の表現だが、「包まれる」というイメージも何となく共感できるような気はする。

因みに息子さんは「何だか状況が似てるじゃないですか」ということで、ネット怪談「くねくね」のルーツは田島にあるのでは……と推測していた。

空ゆくもの（会津若松市）

祖母は人生において二度、とある光景を見たのだという。

青田さんの母方の、明治四十三年生まれの祖母のことだ。

祖母は会津若松市七日町《なのかまち》にて米屋を営んでいた。高度経済成長期までは会津一の繁華街として賑わっていたエリアである。その店の軒先や七日町通りの路上から、ふと空を見上げることなど日常茶飯事だったのだろう、けれど。

ある日、数限りない火の玉の群れが、会津若松の空を飛んでいったのだ、と祖母はいう。

夕暮れから夜になりかけた群青の空を、真っ赤な炎が次から次へ飛んでいったことがあるのだ、と。

「物凄い数の火の玉だった」と祖母はいう。

「それは本当に、物凄いものだった」と。

そんな光景を、祖母は人生において二度見たのだという。

大正十二年八月三十一日の夕間暮れと、昭和十六年十二月七日の夕間暮れと。

一度目の翌日には関東大震災が起こり、二度目の翌日には太平洋戦争が開戦した。

またそれら火の玉は、真南から真北へとまっすぐ飛んでいったのだそうだ。

それらは東京からきたのだ、と祖母はいう。

東京つまり江戸の方から、江戸城つまり宮城《きゅうじょう》の方から飛んできたのだ、と。

「それは何だか意味ありげですね」

私は青田さんに告げた。

確かに地図で緯度経度を確認してみると、皇居周辺と会津若松辺りの東経はさほど変わらない。目測ならば南北にまっすぐ飛んでいるように見えたことだろう。

「そうですね」

青田さんは答えた。

「祖母と母は戊辰戦争がテーマの映画やドラマを観ると必ず、悔しい悔しいと泣いていました」

祖母の米屋は昭和四十年を待たずに廃業した。

祖母自身は平成の後半まで達者に過ごし、百二歳で空に旅立った。

その人生において祖母は二度、こんな光景を見たのだという。

湯川の居酒屋（会津若松市）

「鶴ヶ城の北側は観光地ですけど、南側は凄く寂しい場所なんですよ」

和子さんはそう語りだした。

「戊辰戦争……というか会津戦争のとき、南を流れる湯川は激戦地になったから、というのもあるのでしょうか。三日もの間、川の水が真っ赤な血で染まったらしいですよ」


もう五十年も前になるが、鶴ヶ城の南側、湯川を渡って少し歩いたところに、一軒の飲み屋があった。横に長い平屋で、オヤジが一人で切り盛りしている店だ。

会津若松の飲み屋というのは昔も今も、夕方に開店して深夜前には早仕舞いするところが多い。湯川近くのその店も、やはり午後十時過ぎに早々と暖簾を下ろしていたらしい。

「会津若松はハシゴ酒をする文化があるので、夜遅くなると、お客さん達は別業態の店に行く。だから飲み屋の方でも時間帯を棲み分けしているんですね」

当時小学生だった和子さんが、直接この居酒屋を知っていた訳ではない。ただ彼女はお婆ちゃん達の寄り合いに毎日潜り込むようなマセた子供だった。お茶請け代わりに飛び交う世間話を、しっかり聞きかじっていたのである。

十席もないようなその店に来る客は、近所の顔見知りばかり。

彼らがいなくなった後、店主のオヤジ一人きりで店の後片付けをする。先述通り、まだ夜半にも至らない時刻だったはずだ。

不意に、店の入り口に立つ人影が目の端に入った。

「もうおしまいだよ」

そう言いかけた言葉が喉の奥で詰まる。

振り返った先にいたのは、一人の男。

うつろな表情、乱れ髪、破れた服、顔や腕などさらけ出た皮膚は傷だらけだ。

──死人だ。

咄嗟にそう判断した店主は、裏口から外へ飛び出した。

暫く道路の外で震えていたが、店内で何か異変が起こる気配はない。恐る恐る中の様子を窺ってみると、もう男の姿は消えていたという。

しかし男は次の夜も、その次の夜も現れた。

決まって閉店後、店主が一人で後片付けをしているときである。

二度目も三度目も驚き恐怖し、店外に逃げ出した。

だがどんな怪現象であろうと、繰り返されるうちに人は慣れていく。来ると分かっていれば心構えも準備できる。もう店主には、男を観察する余裕が生まれていた。

その表情や棒立ちしている様子から、こちらに敵意はなさそうだ。

随分古めかしい和装で、胸から腹に掛けて簡素な胴鎧を付けている。その表面も身体と同じく傷だらけとなっているのが見て取れた。

――死人は死人でも、これは会津戦争の死者だろう。

場所柄、そのようなものが訪ねてくるのは不思議でないように感じられた。

四度目の訪問から、店主は逃げ出さなくなった。

また来ているな、と横目に見ながら、淡々と店じまいの作業を続けるようになった。そうしているうち、いつのまにか男の姿は消えてしまうのである。

もう店主の心は全く乱れなくなった。以前と同じように後片付けをできるようになった。

だから何度目かの夜、男がまた店の戸口に現れたところで思わず、

「何飲みますか?」

客が入ってきたときと同じように声を掛けてしまった。

すると男は、いつもの棒立ちの姿勢を崩した。カウンター前の椅子にゆっくり腰を下ろし、こう呟いたのだ。

……さけ。

店主はコップに日本酒を注ぎ、男の目の前のカウンターに置いた。男はそれをゆっくりと飲んだ。

以来、男が現れるたび、店主は必ず一杯のコップ酒を振舞うようになった。男もまたそれをちびちび飲み、コップが空になるとともに姿を消すのだった。

そんな奇妙な晩酌がどれほど続いただろうか。

いつしか店主は老齢により衰え、病気を患ったため店を閉じた。

その後、居酒屋だった平屋には居抜きで惣菜屋が入った。ただその店は程なくして閉業し、代わりに釜飯屋が入ったものの、これもすぐに潰れてしまった。

あの男が原因かどうか、それは分からない。

因みに現在もその平屋は、住居にリフォームされて残っている。当該の家主は長らく住み続けているので、特に問題は起こっていないようだ。

男はもう現れなくなったのか。それとも今の家主は、かつての店主と同じように男と上手く付き合えているのか。

「この話、会津若松では知っている人がそれなりにいるかもしれません」

とは和子さんの弁。

「ぜんぜん離れているエリアで生まれ育った、私の同級生も知っていましたからね」

和子さんは続けて、その同級生であるハナちゃんの体験談を語りだした。

正式な作法（会津南西部）

ハナちゃんの母方の実家は、奥会津の小さな村で旅館を営んでいた。

彼女が子供時代の夏休み冬休みには、姉妹共々その旅館に長い日数預けられるのが恒例となっていた。

当時はダム開発が行われていたので、工事関係者たちによって宿泊業が賑わっていた。ハナちゃん姉妹は旅館の仕事を手伝ったり、村の子供達との遊びに混ぜてもらったりと、第二の実家のように過ごしていたそうだ。

そしてハナちゃんが二十歳になった年、その家の祖父が亡くなったという知らせが届いた。勿論葬儀に駆けつけたのだが、そこで多少のトラブルや話し合いが為されていたことを知る。

まず一つは棺桶だ。

当時は土葬である。墓場に穴を掘ってもらって棺桶を入れる手筈なのだが、用意された棺桶に祖父の遺体が入らなかった。世代にしては長身だったので、既成のサイズでは合わなかったのだ。

そこで急遽、親族達によって大きめの白木の棺桶を手作りする羽目になったのである。

もう一つは、菩提寺との協議だ。

商売が上手くいっていた祖父は、寺に多大な寄進を行っていた。

金銭だけでなく、相当広い土地を墓所として譲るなど、数えきれないほどの貢献があったのだという。

「ほら、今は葬式も略式でやるのが流行りらしいですけども」

そこで家のもの達は、寺にこう直談判したそうだ。

「おじいちゃんについては、正式な作法に則《のっと》ってお見送りさせてほしいんですよ」

〝略式〟といっても、現代のつつましい家族葬とはレベルが違うだろう。恐らく我々が想像する一般的に立派な葬儀が、あちらでの〝略式〟かと思われる。

では四十年前の奥会津での〝正式〟な葬儀となると、一体どのような作法となるのだろうか。

その詳細についてはハナちゃんも正確には分からないのだが、とにもかくにも。

寺への多大な貢献によって、祖父の〝正式〟な葬儀が認められた。

野辺送りの日は、初夏にしては暑い陽気だった。

まだ蝉こそ鳴いていないが、眩しい陽射しが山間の村をカンカンに照りつけていた。それでも午前中だったので、湿り気のない爽やかな風がそよいでいたのを覚えている。

白木の棺桶に入れられた祖父は、家から寺の墓所まで運ばれていった。

担ぎ手は、力の強い六人の男衆である。棺桶には魂《たま》の緒《お》と呼ばれる二本の白布が結び付けられ、後方へと延びている。

布は親族達参列者がそれぞれ手に持つのだが、祖父からの血縁が近いものほど棺桶に近く、遠戚ほど順繰りに遠くなっていく。

担ぎ手と参列者は、白い麻の帷子《かたびら》を〝裏返し〟に着ている。ただし全員分の帷子は足りないので、子供達などは白いTシャツをやはり〝裏返し〟にして着させられた。

白い布を持つ、白い裏返しの服を着た二つの行列が棺桶についていく。

そんな葬列が、埃っぽい砂利道を無言で進んでいったのだという。


ついに寺へと到着した。

正式な作法によれば、山門から境内に入った葬列が、門の左手にある井戸の周りを三周回る。それが終わってから本堂に向かい読経を上げ、墓所で埋葬することができるのだ。

何故そうしなければいけないのかという理由は、村の誰も知らない。当代の寺の住職も同じだ。何しろ正式な作法での葬儀は、彼も初めてだったのだから。

いや、恐らく先代、先々代の住職も、何故井戸を三周回るのかという由来は把握していなかっただろう。とにかく昔からそうしていた、と伝え聞いているだけなのだ。理由も何も、それが正式な作法なのだから、と。

「……はて」

しかし山門を過ぎたところで、葬列の歩みがぴたりと止まった。

「どちら周り、だっけ……？」

先頭のものが思わず声を漏らす。

村全体にとって、正式な葬儀はあまりにも久しぶりだった。

井戸を三周回るのは知っている。

しかし井戸を右回りに進むのか？　それとも左回りだったか？　それを覚えているものが誰一人としていなかったのだ。

中には正式な葬儀を経験した老人もいたようだが、いかんせん記憶が曖昧で断定しかねている。周りの親族達は困り顔で笑みを漏らすばかり。ひたすら気まずい空気が流れていく。

後方にいたハナちゃんが、どうすればいいのだろうと心配し始めた、そのとき。

——左だよ。


一言、声が響いた。やけに甲高い、女のような幼子のような声だった。

「ああ、左か」

「うん、左、左」

「そうそう、左からだったな」

一同が納得し、葬列は再び何事もなかったかのように動きだした。

そのまま山門左手の井戸に辿り着くと、左回りに歩みを進める。

……さっきの声……。

ハナちゃんは列の動きに合わせながら、傍らの井戸をちらりと見やった。

……絶対、この井戸の中から聞こえてきたよね……。

そのことは恐らく、葬列を組む人全員が勘づいていた。

ぐるり、ぐるり、ぐるり。三度回っている最中、皆が井戸の方をチラチラと、自分と同じ目つきで見やっていたから。

ただハナちゃんを含む全員が、そのことについて一言も触れなかった。

住職も、喪主も、とにかく仕切りたがる世話役の老人も、普段は余計なことまで口にする親戚のおじさんも。

誰もが無言のままで井戸を回り終えると、葬列は本堂へと向かった。

そうして後はつつがなく、祖父の葬儀を終えられたのであった。

オープン作業（会津若松市）

　これもハナちゃんが聞いた話。

　会津若松の歓楽街の、あの有名なビルである。

　市民なら誰もが知っているだろう、スナックやキャバクラがひしめく、外観も特徴的なあの建物で……。まあ、いちおう詳細には触れないでおく。

　そのビルのとあるテナントの、黒服ボーイが語っていたことだ。もっとも私が直接このボーイとやり取りした訳ではなく、取材したのはハナちゃんなのだが。

「オープン作業のために店に入ると、『やけにゴミ臭え！』って日があるんですよね」

　店のオープンは彼に任せられているので、いつも一人きりで鍵を開け、無人の店内に入ることとなる。

　しかし日によっては、扉を開けた瞬間、大量のゴミが放置されたような生臭さが鼻を衝《つ》くことがあるのだという。

「そんなはずないんですよ。毎日クローズ作業のとき、綺麗に掃除して、最後に全部のゴミ出しして帰ってるんですから」

ビル内部の下水管、排水管の不具合、といった類の問題ではないだろう。水の臭さではなく、とにかく生物の腐った匂いなのだ。またそれではオープン作業時にだけ匂う、という現象の説明にはなっていない。

それに第一、彼には匂いの原因がしっかり〝見えている〟のだから。

「ゴミ臭いなってときはいつも、カラオケの方を見ると」

大型スピーカーの上に必ず、生首が乗っているのだ。

初老の男性の頭部である。スタッフでも客でもない見知らぬ顔なのだが、いつも同じ男であることには変わりない。

「これは自分が勝手に思ってることですけど……」

元々この水商売ビルはバブル時代、県外の某会社社長が建設したものらしい。会津地方とも飲食業とも一切関係ない業種だが、社長が会津に来た際にリフレッシュするために造ったビルなのだとか。

しかしバブルが崩壊し、その会社はあえなく倒産。最終的に、社長は首を吊ってこの世を去ったらしい。

もしかしたらその社長が、自分の建てたビルに文字通り「顔を出して」いるのではないか……。

そんなふうに思ったりもするらしい。

だがそれなら、何故必ず強烈なゴミ臭さがいつもセットで現れるのだろうか。それについてはどうにも説明が付かないのだが。

「あ、あともう一つ、セットになっていることがあって」

生首が現れた日は、必ず店が大繁盛する。

客の入りもよく、ボトルもどんどん注文が飛び交う、盛大な夜となる。このジンクスは今まで百パーセントの割合で、例外は一日たりともない。

だからゴミ臭さを感じ、スピーカーの上の生首を確認したところで、ボーイはすぐ各業者へ注文の電話を入れる。

酒や氷や水、つまみや食料の類を、いつもより余計に仕入れるためだ。

「オーナーも店長も知らない、自分だけの秘密なんですよね」

得意げにそう語る彼の、これがオープン作業の秘訣なのだという。

斉藤先生の話（猪苗代湖・鶴ヶ城・駒止トンネル）

誠さんの担任教師、斎藤先生が語っていたこと。


一九八〇年代半ば、斉藤先生が高校生の頃だという。

夏休み、友人数名と猪苗代湖で遊ぶこととなった。湖水浴のできるビーチにて、男だけで水遊びをしていたらしいのだが。

「俺が溺れている写真を撮ってくれよ」

そう友人Aが提案し、沖の方へと泳ぎだした。先生はカメラを構えて撮影の準備に入る。

Aの演技はとても上手だった。慌てたように手足をばたつかせ、水しぶきを立てている。

本当に溺れてるみたいだよなあ、と先生達は褒めそやした。

ついには沈んでいく動作までこなし、その姿は湖面の下に消えていった。

しかし、Aが再び上がることはなかった。

先生達が異変に気付いたとき、彼は冷たい水の下で亡くなっていたのである。

突然の心筋梗塞だった。少なくとも病院や警察はそう判断した。

Ａの葬儀から暫く経って、例の撮影を思い出した先生達は、フィルムをこっそり現像、プリントに出した。さすがに他人に公言できないが、自分達にとってはこれもまた一つのＡの思い出となる、と考えたからだ。

しかし出来あがった写真を見て、彼らは絶句した。

溺れる演技をするＡ。その周りには靄とも水しぶきとも取れる白い影が立っている。

光の加減でそうなることはあるだろう。ただ彼らにはその白い影がどうしても、ある形をなしているように見えてしまったのだ。

人の形をしたものが、両手でＡの頭を押さえつけているかのように。

友人の中には、はっきりと老婆の姿に見える、と言うものもいたそうだ。

＊

同じく高校生の頃である。

斎藤先生は仲間数人と鶴ヶ城で花見をしていた。

鶴ヶ城では毎年四月上旬から五月上旬の桜の開花時期に合わせ、「さくらまつり」が開催される。夜桜をライトアップしたり、物産イベントが軒を連ねたりと、地元住民や外部の客達で大いに賑わう。

昔はそうした派手な催しはなかったものの、その代わりと言おうか、城内でも構わずブルーシートを敷き、さんざん飲み食いして騒ぐことができたようだ。

先生のグループは酔っ払い達を避け、人気のない静かなところに陣取ったのだが。

「あれ誰だろ、誰の友達？」

遠くの方から、こちらに手を振っている者がいた。

落ちかけていた夕日で逆光になっている。黒いシルエットとなったその顔かたちや服装は判然としない。ただ片手を大きく回転させている様子が見て取れるだけ。

「あんな奴、いたっけ……？」

しかし、ぐるりぐるりと振られる手は明らかにこちらに向けられている。それどころか相手は駆け足でまっすぐ距離を詰めてきている。

「あの手、やけに長くないか」

誰かがそう指摘した。

次の瞬間、先生達は一言も交わさずブルーシートから立ち上がった。

そして一斉に、城外を目指して全速力で逃げ出した。

夕焼けに染まる人影。それが振り回していたのは手ではなく、刀だったからだ。

今にもその刀で斬りつけんという勢いで、鎧武者がこちらに走ってきたからだ。

＊

南会津の駒止峠は「よく出るところ」だと地元で噂されている。

中でも駒止トンネルの、会津田島方面から入る方の出入り口に目撃例が多いという。

ただ誠さんは斎藤先生から、そこに出るのは幽霊ではない、と言い聞かされていた。

確かに「出る」ものは「出る」のだが、それは「幽霊」ではないのだ、と。

現在はもう撤去されているが、トンネル入り口手前の待避所にはかつて、一台の電話ボックスが設置されていた。

当時、既に教職に就いていた先生は、車でその電話ボックス前を通りがかることがしばしばあった。明るい時間は異変がないのだが、夜中に通り過ぎたりすると。

「いつも変な人影が、ボックスの中にいたんだよな」

車を走らせているので凝視できないが、どうやら白い服を着ているようだ。

それは電話を掛けようともせず、ボックス内でじっと立ちつくしている。まるで山の暗闇から逃れて、か細い蛍光灯の明かりを求めているかのように。

当時は携帯電話もない時代だ。先生はある夜、急用でその電話ボックスを使用せざるを得ない状況となった。

あの白い人影がいるのではないかと怪しみつつ近付いたところ、幸いそのときは完全な無人だった。

まだ深夜というほどの時間帯ではないからだろう。今のうちにさっさと電話してここから遠ざかろう。

受話器を取り、テレホンカードを入れ、さて通話しようかと思ったところで。

——ガン!

ボックスを乱暴に叩く音が、耳元で響いた。

咄嗟に振り向く。

ガラス越しに、老婆がこちらを睨みつけていた。

バラバラの髪、薄っぺらい和装の白装束。その瞳は、まるで縄張りを荒らされた獣のようにギラギラと怒り狂っていた。

老婆はこちらに向かって、鷲掴みの形の両手を突き出してきた。その赤茶けた十本の指の爪は、全て異様なまでに長く伸びている。

老婆はそれら爪をガラスに突き立てて、

ギイ、ギイ、ギィィイイイイ。

耳障りな音とともにボックスの表面を引っ掻きまわしたのだという。


「あれは幽霊じゃない、ヤマンバだ」

斉藤先生は誠さんに、そう断言した。

駒止峠には山姥伝説などなかったと思うのだが。

「ヤマンバだ。俺は目の前で見た。ヤマンバで間違いない」

先生は頑なに、自分の主張を曲げなかったそうだ。

大鴉《からす》（東山温泉）

加藤さんは高校の頃、会津若松市内で一人暮らしをしていた。

実家のある奥会津の町からは、さすがに遠すぎて通学できなかったからだ。とはいえ親の仕送りばかりに頼る訳にもいかず、それなりにアルバイトにも精を出していた。

「ある年の夏休みは、東山温泉の旅館で働いていました」

当時、市内では富士通の工場が建設中で、大勢の作業員が長期滞在していた。そのため宿泊施設は何処も人手が足りないほど繁盛していたのである。

「市街地からそう離れていないので、いつも自転車で通勤していたんですが」

東山という地名の通り、途中からは山道を登っていくルートとなる。

その日も、いつものように自転車で市街地を抜けていき、東山の山道に入ったところで、とてつもなく大きな鴉に、道を塞がれた。

化け物というほど異常な大きさではない。しかし確実に、これまで見たことがないと断言できるほど立派な体格の大鴉だった。

それが数メートル先で自分をじっと見据えて、

——アアアァ！

けたたましい鳴き声を響かせた。

一瞬たじろいだが、ペダルを漕いで進んでいくと、さあっと鴉は飛び上がっていった。

「ただそいつ、その後もずっと自分を追いかけてきたんです」

気付けば、また数メートル前の道路上に同じ鴉がいる。自分をじっと見つめ、「アアアァ！」と鳴き声を上げる。こちらが近付くと一旦飛び上がるのだが、すぐまた目線の先に降りてくる。

近付くと飛び立つ。また少し先の道に降り、自分を見つめて鳴く。

それが何度も何度も繰り返された。

追いかけるというよりも、先導しているといった方が近いだろうか。

……なんだよこれ、気味悪い……。

しかし一本道なので躱すこともできない。曲がりくねった山道を、ひたすら登っていくうち。

道路脇に、一台の車が停まっていた。

こちらにフロントガラスを向けており、運転席に座っている男の姿が真正面に見える。

男は缶の烏龍茶を飲んでいた。

缶に隠れて顔はよく見えなかったが、その様子は今でもはっきり思い出せるほど記憶に残っている。

とはいえ鴉の追跡に比べれば、全く奇異な光景ではない。特に気にせず一旦視線を逸らし、また車に目を戻したところ。

運転席の男が、消えていた。

「は？　え？」

シートの下に屈んだのだろうか。自転車を停め、車内を確認する。だが車内の何処にも、人影一つ見当たらない。

……幻覚？　いやでもドリンク缶まではっきり見える幻覚なんてあるか……？

困惑しつつふと気付けば、いつのまにか鴉の姿も消えていたのだった。

「まあ、その日は普通に働いて、女将さんに夕飯に連れて行ってもらいました」

豪快な女将さんで、未成年のバイト達を引き連れて居酒屋で打ち上げするのが恒例となっていた。その夜は宿の大将も一緒だったのだが。

「そういえば今朝、こんなことが……」

例の一件を語りだすと、二人の顔が突如として強張った。

「あんた、本当にあの道路の、あの辺りだったんだね？」

加藤さんが旅館にアルバイトに来る、ほんの少し前の出来事だという。

全く同じポイントで、見知らぬ車がずっと駐車されていたことがあった。

近所のホテルのスタッフが不審に思い近付いてみたところ、車内で一人の男が冷たくなっていた。

ホース管によって排気ガスを引き入れ、自殺していたのだ。

「あのときは、結構な騒ぎになったわよねえ……」

遺体の傍らに、烏龍茶の缶が転がっていたのかどうか。

それはさすがに女将さんにも大将にも分からなかった。

むぞせ（会津南西部）

会津南西部の溜め池だという。

教わった住所について、グーグルストリートビューや、ユーザーがマップに投稿した風景画像を確認してみる。それなりに大きな池だが、釣りができるほどではなさそうだ。水面は穏やかで、なかなか美しい風情をたたえている。

名称も何ら変哲がない、全く以て池らしいオーソドックスな名である。仮に清水池とでもしておこうか。いや、地元の人々はここを「池」ではなく「沼」と呼んでいるので、清水沼とした方がいいだろうか。

拓郎さんは小さい頃から、「あの沼に行ってはいけない」と祖母に固く禁じられていたそうだ。

そのタブーは小学校に入学する時点で教えられた。清水沼が学校の裏手、五百メートルほどの距離に位置していたからだろう。

どうして行っちゃダメなの？

幼い拓郎さんがそう訊ねたところ、

「あそこは変な場所なんだ」

祖母は苦々しい顔で呟いた。

「裸の男がな。素っ裸の男が、包丁握って死んでたようなところだからな」

だから絶対に行ってはいけないのだ、と。

何だ、その話。

この奇妙な理由は、拓郎さんの頭に強くこびりついた。同じ話を祖母が幾度も彼に聞かせていたからかもしれない。

クラスメイトにも確認したところ、確かに子供達の多くが、あの沼に近付くことを禁止されていた。

ただそれは単純に、沼にはまって溺れてしまったら危険だから、という実際的な理由のようだ。誰一人として「全裸の男が包丁を持って死んでいたから」などという話を持ち出すものはいなかった。

そして小学校の行事でも、清水沼を訪れることは一切なかった。課外授業やマラソン大会のコースにはちょうどよさげな立地なのに、学校側はそこを敢えて避けているようでもあった。

「小学生の間に一度だけ、自転車でその沼を訪れたことがあったんですが」

学校裏手の細い道を行くと、急に開けた土地となる。そこに十軒ほどの家屋がぽつぽつと建ち並び、更に進んだ先が砂利道となっている。道の傍らに柵がしつらえてあり、向こう側に沼が佇んでいた。

グーグルストリートビューを展開してみたところ、状況は現在もほぼ変わっていない。

こう言っては何だが、ありきたりな田舎の風景である。

しかし当時の拓郎さんが、柵の間から沼をちらりと覗いた途端。

――なんだ、ここ。

強烈な悪寒が背中を走った。咄嗟に自転車を切り返し、慌てて逃げ去ったのだという。

「まあそのときは、それ以上何かあった訳でもないんですが」

時が経ち、拓郎さんは二十六歳となった。東京で働いていた彼だったが、母の七回忌のために実家へ帰ったところ。

普段はめったに帰省しない四歳下の弟も栃木から戻ってきていた。二年半ぶりの再会にて世間話を重ねるうち、何かの拍子に弟がこんなことを言い出してきた。

「小学生のとき、俺にコウタ君って友達がいたの覚えてないよな？」

「コウタ……ああ！　いや知ってるよ、コウタ君な」

「よく覚えてんな。一回くらいしか一緒に遊んだことないべ？」

「うん、そのときが印象深かったから」

家に来たコウタ君に、拓郎さんは携帯型ゲーム機を貸してあげた。しかしコウタ君はソフトを裏表逆さまにして、無理やり本体に差し込んでしまったのだ。壊したとでも思ったのだろうか、彼はそのまま黙ってこっそり帰宅していった。

「がっちり挟まってたソフトを本体から抜くの、大変だったんだがら」

しかし何故今になってその名前を出してきたのかと訊ねると。

「俺、去年、コウタ君の葬式に出たんだ」

「え、葬式」

「うん、コウタ君、死んだ」

小学生時代は弟とよく遊んでいたコウタ君だったが、中学に入ってから不登校気味になってしまった。それからずっと、弟も連絡を取っていなかったそうなのだが。

「まだ二十歳そこそこだべ。病気か？」

「いや変死だって。あそこの清水沼で」

ある日、沼の畔の石や砂利が敷き詰められた地面の上に、コウタ君の身体が横たわっていた。恐らく周囲に建ち並ぶ民家の住人が、それを発見したのだろう。

突然の不審死ながら、警察は事件性なしと判断したそうだ。

「自殺だってことになったがら」

家に引きこもりがちだったコウタ君は、次第に鬱の症状をこじらせていたようだ。

「そんでかな。あんな死に方したのに、思ったよりおおごとになんなかったな」

「何、あんな死に方って」

「コウタ君、裸で包丁を握って死んでたんだ」

瞬間、全身に怖気が走った。

小学生の頃、清水沼を覗いたときのあの悪寒がまざまざと甦ってきた。

コウタ君の遺体は服を一切纏わず、その腹に包丁を突き刺していたのだという。

つまり割腹自殺だ。睡眠薬など飲んでいたのかもしれないが、何故苦痛が長引く残酷な死に方を選んだのか、そもそも何故全裸だったのか。それは弟にも誰にも分からなかった。

「婆ちゃん！」

その日のうちに、拓哉さんは祖母に詰め寄った。

「コウタ君っていたべ。去年に死んだんだべ。あの清水沼で」

「あ？　……ああ、死んだよ」

突然の質問に戸惑いながら祖母が答える。

「裸で包丁持って死んでたって、それ、婆ちゃんが言ってた話と一緒だな。俺に話してたよな。昔、全裸の男が清水沼で死んだんだって」

勢いよくまくしたてると、祖母は更に虚を突かれたようになって。

「はあ？　そっだ気味わりいこと言う訳ないでしょう！」

いやそんなはずない、俺が小学校入ったとき、確かに婆ちゃんから清水沼に行くなと禁止された、何故ならさっき言ったように……。

拓哉さんが幾ら弁を重ねても、祖母は頑なにその記憶を否定する。

「いや言ってねえ、そっだこと言ってねえよ。でもなぁ、本当になぁ……」

祖母は深々と息を吸い込んで。

……むぞせぇ。

と吐き出した。

かわいそう、むごたらしい。そんな意味の方言である。

「むぞせなぁ、コウタ君……むぞせがったなぁ」

そして後はもう、祖母はひたすら同じ言葉を繰り返すのみだった。

……むぞせなぁ、むぞせぇ、むぞせぇ……。

青い人形（会津南部）

啓太さんの実家は酒屋を営んでいる。

会津の南部にて現在も営業中で、蔵元からの地酒を手広く販売している。地元の酒屋達が大手スーパーや全国チェーン店に客を取られ軒並み潰れていった中、ずっと商売繁盛を続けているそうだ。

元々江戸時代から十代以上続く老舗ではある。とはいえ昔はそこまで儲かっていた訳ではない。

近年、誰が見ても明らかに運気が上昇したというタイミングがあったのだ。

啓太さんが中学二年生になりたての頃。近所でバイパス道路拡張の計画が持ち上がった。その道を通すには、どうしても啓太さんの家の敷地に食い込まなくてはいけない。

行政から、敷地を後方に移動してもらえないかとの依頼が通達され、家族はそれを了承した。勿論補償金は潤沢に与えられた。自宅が新築となった上、酒蔵も大きく綺麗なものに建て替えることができたのだ。

その直前、家と蔵を取り壊すため、内部を大掃除していたときのことである。

「何だこれ？」

蔵の奥から、二体の人形が発見された。赤色の着物が女の子で、青色の着物が男の子なのだろうか。二体とも一メートル程という、かなりの大きさだ。明らかに既製品ではない、オーダーメイドの造りである。

年代物かもしれない。だが発見時からガラスケースに入れられていたので、古くても明治以降のものだろうか。いやいや、このガラスケースに収められたのがいつか知らないが、人形が作られたのはもっと古いかもしれない……。

家族がそのように議論している中、祖父だけが無言で目を瞠っていた。

「……俺はこの二人を知っていたぞ」

少し経って、祖父は家族に次のような話を打ち明けた。

「道路拡張の話が来るよりも、少し前辺りのことだったたな」

祖父は度々同じ夢を見るようになったのだという。

真っ暗闇の中に自分がいる。すぐ近くでは、何やら啜り泣くような声が響いている。音のする方に目を凝らすと、二つの人影が浮かび上がってきた。

赤い着物の子と、青い着物の子が俯いている。しくしくと顔を塞いで泣いているため、男女の別は分からない。ひどく哀しげな様子だが、涙を流す理由もまた分からない。

祖父は一言も発せないままそれを見つめるうち、いつしか目を覚ましているのだという。そんな夢が、幾夜となく続いた。

その間に道路拡張の知らせが届き、暫く家族で相談した末、家長である祖父が敷地の移動を承諾した。そうこうするうち気付けば例の夢を見なくなっていたのだが、そこで今回の人形の発見である。

「この人形は、玄関先に飾らなくてはいけない」

何故か祖父は、頑強にそう主張し始めた。彼自身もどうしてそうすべきかの理由は分からなかったのではないか。

とにかく二体の人形はガラスケースごと、新居の玄関先に置かれることとなった。

そしてこれ以降、啓太さんの家は明らかに運気が上がった。家族の健康も酒屋の経営も、ことごとく順調に運んでいる。

この人形は福をもたらしてくれたのかもしれない。

ただ人形を入れたガラスケースの戸は常に閉じられ、フック状の鍵を掛けたままの状態になっている。

祖父と違い、啓太さんの父親がすこぶるこの人形を怖がったためだ。心霊の類を一切信じない父だったが、

「見ているだけで気味が悪い」

と言い張り、絶対にフックを外さないよう家族に注意していた。

また不気味さを少しでも軽減したかったのだろう、父はこの人形が何処からきたか懸命に調べていた時期があった。

だが結局、調査は不首尾に終わってしまった。

祖父よりも年配の親類縁者にも、近所の古老達にも聞き取りをしてみたものの、人形についての情報を知るものは誰一人いなかったのだ。

……いや、正確に言うならば。

近所に住む一人の人間だけは、少なくとも人形のうち一体について心当たりを持っていた。

実はこのエピソード自体も、私が啓太さんから聞いた話ではない。その人物が啓太さんから聞いた話を、間接的に私へと語ってくれたものなのだ。

啓太さんの家と酒屋がずっと繁盛していること、祖父が見た夢、道路拡張、人形の発見、それら全てはその人物が教えてくれた情報である。

さて、ここでまた別の証言にも耳を傾けてみよう。

青い子（会津南部）

うちの実家は僕が産まれる前後、一九九〇年辺りに建てられました。

二階建ての5LDKです。十八歳で東京に出てくるまでそこに住んでいたのですが。

幼いときから、気が付くとパタパタという小さな子供の足音が聞こえていたものでした。

二階を走る足音です。うちは両親と父方の祖父母と暮らしており、小さい子といえば、僕の四歳下の弟がいるだけです。

ただ彼は産まれたときから身体が弱かったので、出産後ずっと入院していました。

幼稚園児の頃から毎日毎日、定期的に二階で鳴り響いていた足音は、小学校に上がっても聞こえ続けました。その頃には弟も退院していましたが、家族六人で夕食を食べているときにも鳴っていたので、絶対に弟でも家族の誰かの足音でもありません。

パタパタパタパタパタ……。

明らかに二階の床を駆けまわっています。幼い子供の小さな足で。でも決して、階段の方に来たり、一階へ下りてくるということはない。

音についてはもう慣れっこというか、特に自分から話題にすることもなかったですね。

何しろ物心付いてから毎日ずっと聞こえていたので、それが当たり前になっていたんです。

ただ、小学校高学年のある日。やっぱり家族六人で夕飯を食べている、その食卓の真上から、
パタパタパタパタ……。

例の音が聞こえてきた瞬間、何故かそのときだけ、ふと口を衝いて言葉が出ました。

「聞こえるよね」

そしたら家族の反応は。

「ああ、聞こえるね」

「何だろうね」

否定してはいないけど、さして気にしている風でもない。まるで、遠くを救急車が通っていったね、といった程度の関心しか寄せていない。話が全く転がらないんですね。

――みんな、聞こえているんだな。でも聞こえるのが普通なんだな。

子供心に、そう自分に言い聞かせました。

そんな僕も中学に入って、新しい友人ができました。

彼の家は地元の酒屋で、小学校からの同級生ではありました。ただお喋りを交わすよう

になったのは、中学一年のときに初めて同じクラスになってからです。とはいえ、まあそのときはお互いの家に行くという程の仲ではなかったんですが。

あの日、彼が何でうちに来ることになったのかな……。多分僕の家族全員が留守にしていたので、のびのび遊べるからといった理由でしょう。

とにかく、友人は約束した時間に我が家に来てくれました。

「先に僕の部屋で待ってて。二階の二番目の部屋だから」

僕はお茶菓子を用意するため台所に向かいました。友人が階段を上る音を聞きながら、スナック菓子とジュースをお盆に載せ、さて運ぼうかとしたときです。

「来てえ！」

突然、二階から叫び声が聞こえました。

「来てよお！　ねえ！　来て早く！」

慌てて階段を駆け上がると、三つあるうちの最初の部屋のドアが開いています。中を覗けば、友人が腰を抜かして倒れているではないですか。

そこは両親の寝室です。指示したのと違う部屋で、一体何をしているのか訊ねたところ。

「……たっくん、弟いるよな？」

トンチンカンな答えが返ってきました。あ、たっくんというのは僕のあだ名です。

それでまあ、確かに四つ下の弟がいるので頷いたところ。

「いや、弟だと思ったんだ。階段にいたから……」

彼によれば、階段を上っている途中、小さな子の背中が見えたのだそうです。うちの階段は中程で折り返すため、踊り場があります。

そこに青いちゃんちゃんこのような和服を着た、幼稚園児くらいの男の子がいた、と。

……たっくんの弟だな……いきなり後ろから声を掛けて驚かしてやろう。

悪戯心が芽生えた友人がそうっと近寄っていきます。すると相手は気付いたのか、ささっと小走りに階段を駆け上がっていきました。思わず友人が追いかけると、その子は一番手前の部屋に入り、パタリと扉を閉めました。

友人は一旦ドアの前で息を潜め、そして扉を勢いよく開けながら、

「わあっ！」

大声を出して室内に飛び込んだのですが。

そこには人影一つ見当たらなかった。そう言うのです。

いやいや嘘でしょう。僕は思わずそう返しました。

初めて来た家でそんな、変な風に脅かすなよ……と。

「違う、本当なんだ。本当に見たんだ」

でも友人は頑なにそう主張し続けます。僕も僕でちょっと怖くなったので素直に信じられなくて。そこからはもう、遊ぶような空気じゃなくなってしまいました。

「ごめん、俺もう帰るわ……」

心配になるほど暗い顔で、友人はうちを出ていってしまったんですね。

そこで、これは嘘ではないなと感じました。うん、そう、嘘っぽくないんですよ。

だって今でもそいつとは週に一回か二週間に一回くらい電話で喋るんです。たまにその思い出話を振ってみたりもするんですけど。

「いや本当だったんだよ」

二十年も経っているのに、絶対にそう否定するんです。夜中にお互い酔っ払っているときだって、主張が変わることはありません。たまに帰省した折、面と向かって飲んでいる際にこの話を出すと、急に怖いくらいの真顔になってしまったこともあります。

「嘘じゃない。本当に嘘じゃないんだ」

その一件があった日を境に、二階を走る音が聞こえなくなりました。

あれほど毎日のように響いていた音だったのに。自分は凄く不思議でしたが、家族のみんなは音が聞こえていたときと同じように、聞こえなくなったことに対しても無関心でした。

ただそれは気にする余裕などなかったから、かもしれません。

何しろその頃から、僕の家では大変な不幸が続いてしまったのですから。

青い子と青い人形（会津南部）

武さんの家で、それまでずっと続いていた二階の足音が、ある日を境にぷつりと止んだ。

「俺はもう仕事を辞めたぞ」

武さんの父が辞職を告げてきたのは、それから間もなくのことだ。

「もう何か、いいんだ。何だか疲れちゃったしやる気も出ないし、尿管結石になったから、もう辞めたんだ」

父親は所長クラスの役職に就いていたため、地方にしてはかなりの年収を得ていた。そこに税務署員だった祖父の厚生年金を足すことで、武さんの家は裕福な暮らしを営んでいたのだが。

父は前触れもなく会社を去った。それどころか家族の許から姿を消し、一年ほど蒸発してしまった。いちおう母には定期的に連絡があったようだが、武さんと弟には「何処かで勉強している」とだけ伝えられ、何処にいるのかすら皆目見当も付かなかった。

「一年後くらいに帰ってきたんですが、後から聞くと、その間、家の大人達はみんな大変だったみたいですね」

それから少し経った頃。母親が急遽、入院することとなった。

「白血病でした」

とはいえ、すぐに骨髄移植のドナーが見つかり、手術も無事に成功。家族は、ほっと胸を撫で下ろした。

そんなある日の夕暮れ時、武さんが一人でいた部屋に、

「たっくん」祖母がふらりと入ってきた。

「たっくん、お母さん死んじゃったよ」

手術が成功したにも拘らず、急に容体が悪化して亡くなったのだ。

その後、武さんは高校卒業とともに家を出て、東京へと上京する。

しかし一年もしないうちに、祖母から連絡がきた。

「たっくん、爺ちゃんボケちゃったから一回戻っておいで」

祖父は大正生まれだ。多少の認知症は仕方ないだろうと帰省してみると、その容体は想像以上だった。

祖父はところかまわず大便を漏らし続けるような状態となっていた。それでも本人は毎日、日本酒を飲んでカツオを食べ続けるという以前からのルーティンを崩さずにいる。

「さすがにおかしいと病院で調べてもらったら、末期の大腸癌でした」

癌細胞が異常なまでに膨れ上がっており、手術しても無意味だと宣告された。

「九十代の老人なのに、そんなに急速に癌が発達するのか不思議でしたが」

それからすぐに祖父は逝去した。

弟もとうに家を出て別の県で働いている。

六人で住んでいたあの家には、今や父親と九十三歳の祖母しか住んでいない。祖母が亡くなったら、父は家を解体して、北関東の雪の降らない地域に移住するつもりなのだという。

「二階の足音が聞こえなくなってから、どんどん家の運気が下がっていったような気がするんですよ」

武さんはそう漏らす。

これはまた別の家のことになるが。母が亡くなった後、母方の実家の方でも突然死や病気が異様なほど相次いでいた。

さほど高齢ではなかった母方の祖父とその姉妹、計四名が立て続けに病死。全てが長期入院を経ておらず、突然死に近かった。同時期、そのうち一人の叔母の夫が見晴らしのいい場所で何故か単独事故を起こし死亡。更に母の妹が病気により子宮を全摘出、その夫もパーキンソン病に罹る。そんな災厄がわずかな期間に相次いだ。

「僕、思うんですよ。これ、ずっと二階にいた子が、他の家に移ったからなんじゃないかって。その子がいなくなってうちは悪くなり、その子が移っていった先の家は良くなったんじゃないかって。ほら、そういう話って、東北地方によくあるでしょう」

足音が聞こえなくなった日、とある家の人間によって、青い服の子供が目撃されていた。

自分達の家が困窮していくのと反比例するかのように、とある家が道路拡張を機にどんどん裕福となっていった。

その家では古い蔵を取り壊そうとした際、青い服の人形が発見された。

その家の祖父が、青い服の子供が啜り泣く夢を見ていたのは、ちょうど武さんの家から足音が消えたタイミングと重なっている。

その家とはつまり、啓太さんの家である。


「高校生のとき、初めて啓太の家に遊びに行きました」

バイパス道路沿いの酒屋の隣に建つ、立派な一軒家だ。

その道路は武さん達が小学生だった頃と比べて、随分幅が広くなっている。

「玄関を開けると確かに、啓太から聞かされていた人形が置かれていました」

赤い服と青い服の二体の人形。それがガラスケースに入れられている。

二体とも一メートルはあろうかという大きさなので、ケースも随分立派な誂《あつら》えだ。

ただそれらは丁寧に飾られているというよりも、むしろ封印されているようでもあり。

「何で鍵掛かってるの？」

ケースの戸には、昔ながらのフック状の鍵が掛けられている。

随分太いフックだが構造は簡素で、ただ持ち上げれば外れる仕組みとなっている。外から開けるのは全く容易だから、泥棒避けにもなりはしないだろう。

「……いや、これさあ」

啓太さんはまるで他人事のように答えた。

「夜中に歩きだすから、らしいんだよね」

だから父親がすっかり怖がっちゃって、鍵掛けて絶対に外すなって……。

武さんは、ガラスの中に閉じ込められていた青い服の人形をじっと見つめた。

しかしその小さな瞳は、一切彼の方を見つめ返してはこなかった。

林間学校の写真（磐梯山）

空中に帽子だけが浮かんでいる。

しかし絶対に、その帽子の下に自分はいた。

絶対に、この記念撮影の場にいたはずなのに。

春樹さんはそう主張している。


「小学校五年生の頃ですけど。林間学校で、会津磐梯山に登ることになったんですよ」

二泊三日の日程のうち、一泊目の宿でのこと。

消灯直前、布団も敷き終わった部屋の中で春樹さん達がくつろいでいたときだ。

何やら隣室が騒がしくなった。はしゃいでいるような悲鳴のような、そんな男子達の声が壁越しに響き渡ってくる。

「何だろう、と行ってみたら」

そこには、自分達の部屋にはない掛け軸が掛かっていた。隣室の子達はそれをめくって騒ぎ立てているのだ。

よく見れば、掛け軸の裏にはお札が貼ってあるではないか。

「やべえええ！」「何で!?」「怖い怖い！」

春樹さんも一緒になって、絶叫大会に参加した。

「うるさいぞ！　お前ら！」

そこへT先生が飛び込んでくる。おっかないことで知られる先生だったので、一瞬で部屋が静まり返った。

とはいえ林間学校の夜だったからだろう、そのときのT先生はいつになく柔和な笑顔を見せていた。

「そういうの気にしなくていいから……。ほれ、こっち向け。撮るぞ」

先生はカメラを持って各部屋を回り、記念撮影をしていたのだった。

子供達がピースサインを向ける。先ほどまで騒いでいたノリが残っていた春樹さんは、友人の背後に隠れ、お化けのポーズを取ってふざけた。

ネット通話での取材中、春樹さんはその写真を私にメッセージで送ってくれたのだが。

「この後ろの窓の、ほら左側……」

窓の外の暗闇に、白い手が浮かび上がっているというのだ。

しかし送られた画像を幾ら見ても、そこに何か写り込んでいるようには見えない。

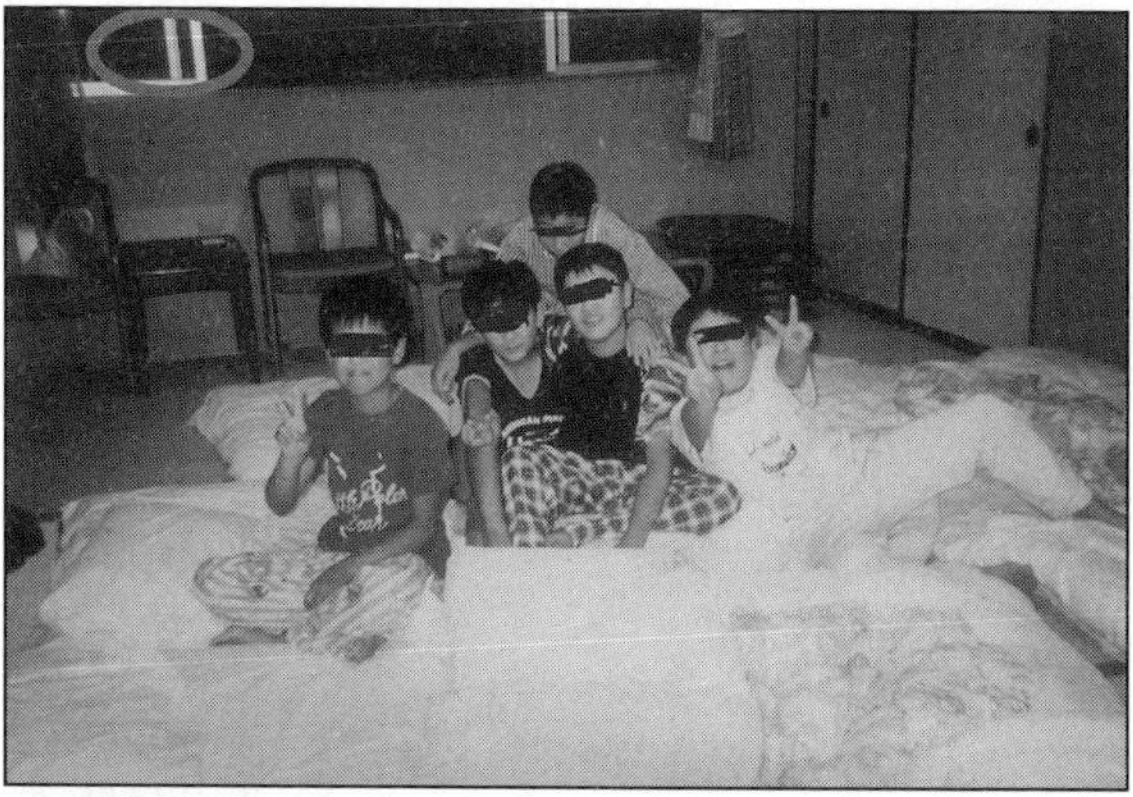

T先生が撮った写真。いちばん後ろで腰を屈めてているのが春樹さん

①写真左上の丸枠周辺を拡大。うっすら白い手のようなものが見える

「写真をスマホで撮影したものだと分からないんです。どうしても写真本体でないと」

後日、春樹さんは私のイベントに来場し、わざわざ写真の現物を持参してくれた。目の当たりにして驚いた。確かに、白い手らしきものがはっきりと確認できるのだ。

その写真が①である。何とか工夫して撮影してみたので、多少は判別が付くだろうか。写真本体はかなり明確に映っているのだが、画像にしてしまうと途端に見えづらくなってしまう。肉眼でないと分からない、そんな珍しい心霊写真だ。


とはいえ、まあ、これはただの前置きにすぎない。

翌日は、メインの目的である磐梯山のトレッキングだ。天候もよく、教師と生徒達は意気揚々と山道を登り始めた。

まず結論から言うと、彼ら全員は何とか登頂に成功した。

とはいえ全く無事だった訳でもなく、途中、肝を冷やすようなトラブルが起こってはいた。そのためだろうか、山頂での教頭先生は涙を流さんばかりに感動しており、生徒達の目からもやけに興奮しているように見えた。

「みんなで登頂できたのは奇跡です！　こんな奇跡はありません！」

などと大げさな言葉を叫びつつ、次のような提案をしてきたのだ。

「だからみなさんで万歳しながら、記念写真を撮りましょう！」

それが②の写真だ。

林間学校から一週間後、帰りのホームルームにてこの写真が全員に配られた。

自分達の成功体験の記録である。最初は喜びに沸いていた生徒達だったが、その声が次第に不穏なざわつきへと変わっていく。

「これ、いないよね……」

「春樹君、何処に写ってるの？」

春樹さんは確かにその場にいたはずだ。客観的に考えても、こうした記念撮影の場で一人だけ外れる事態などあり得ない。教師もカメラマンも、メンバーに漏れがないか入念にチェックするはずだ。

しかし自分の立っていた位置から、自分の姿が綺麗に消えている。

いや正確に言えば、かぶっていた帽子だけが宙に浮いている。帽子の内側のゴムまでもが写り込んでいるのに、肝心の身体だけがなくなっているのだ。

何故自分だけが写真に写っていないのか。全く意味が分からないし、どうしても合理的な説明が付けられない。

ただ、春樹さんにはちょっとした心当たりがあるという。

②磐梯山登頂を祝って撮影された集合写真。中段の右端に注目

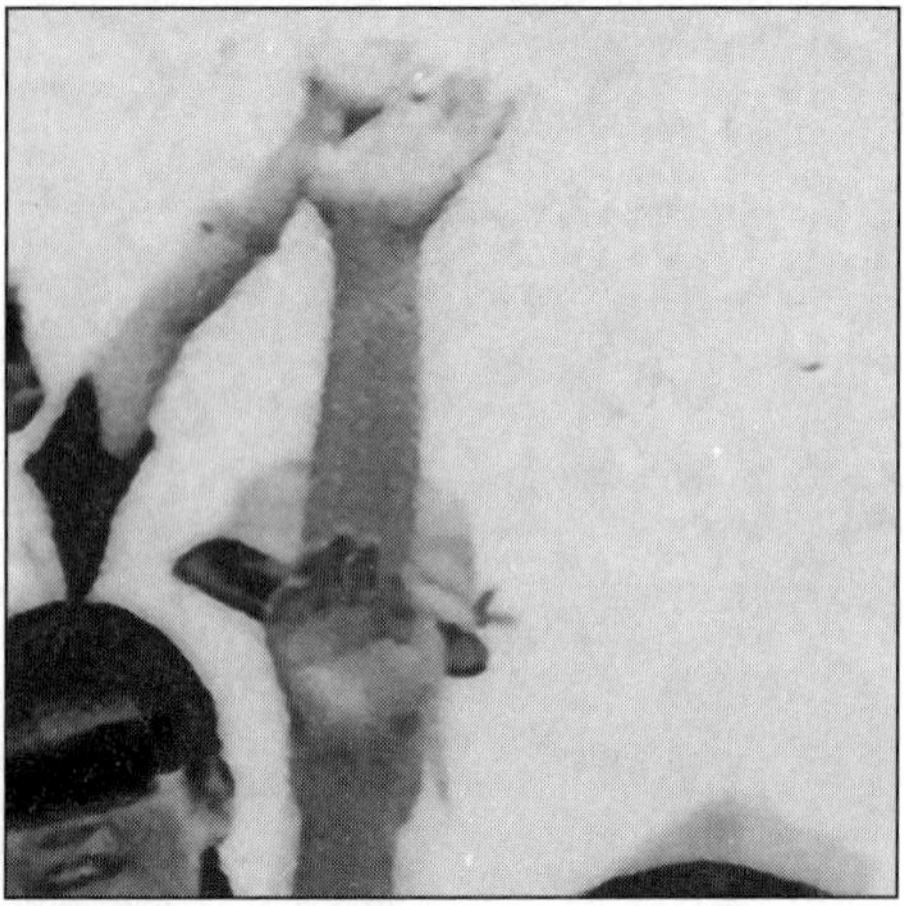

帽子だけが宙に浮き、そこにいたはずの春樹さんは消失している

「磐梯山に登り始めて暫くして、ですね。ちゃんと足元を見ながら歩いているつもりだったんですけど……」

突然、身体が重さを失った。

切り立った崖の向こうへ、両足ごと飛んでしまったのだ。

生徒全員で一列になって歩行していたのに、何故春樹さんだけが登山道を離れ、一人で崖の方へ近寄ったのか。それは自分でも分からないのだが、とにかく。

直立の姿勢のまま、滑落というより落下していったのだ。

「ただ奇跡的に、自分が落ちた先にだけ、一本の木が生えていたんです」

崖から斜めに飛び出した木の幹にちょうど股が挟まり、何とか落下を免れた。

そこから教師達に引き上げてもらったのだが、そのまま落ちていたら形状を留めないほどに身体が粉砕されていただろう。

「一歩間違えていたら自分の命や肉体がこの世から消えていたことを、この写真は暗示していたのかな……と」

春樹さんはそう考えている。

或いは、帽子だけを残してストンと真下に落下してしまった先ほどの事態。その様子を再現しているようにも、見えなくはないだろうか。

【コラム】

鬼婆、オボダキ、アクロバティックサラサラ

福島県で最も有名な化け物といえば「安達ケ原の鬼婆」だろうか。

現在の福島県二本松市の安達ケ原に棲み、家を訪れた旅人を殺して食らっていたという鬼女伝説だ。大元を探ると相当古くからある伝承で、エピソードも一通りではないのだが。とりあえず、安達ケ原の鬼婆伝説の本拠地とされている二本松市「観世寺」に伝わる話をまとめると以下の通り。

京の公卿屋敷に奉公していた乳母、岩手は、育ての姫君の病を治そうと「妊婦の腹にいる胎児の生き胆」を探し求める。

安達ケ原の岩屋まで流れ着いた岩手の許へ、旅人夫婦が訪ねてくる。折よく妊婦であった妻を殺し、その腹を割いて目的を達成する岩手。しかし妻の持ち物を見て愕然《がくぜん》とする。

それは、岩手が実の娘に渡したお守りだったからだ。

発狂した岩手はそのまま岩屋に棲みつき、訪れる旅人を食らい殺す鬼婆となったのであ

る……。

鬼婆である岩手は、①育ての子である姫の命を救うために②実子とその腹にいた胎児＝孫も殺してしまうという、二重の母でありつつ二重の子殺しを行っている。

「妊婦の腹を割いて胎児を取り出す」という呪術行為は、中国など世界中に古くから知られたものである。特に日本においては、妊婦が死んだ場合、その腹を逆手で持った鎌で裂き、胎児を取り出してから別々に埋葬するという「身二つ」の風習が広く行われていた。そうしなければウブメとなって祟る、と考えられていたからだ。

妊娠中或いは難産で死んだ女性は「産女《うぶめ》」に化けて出る。つまり子を産めずに亡くなった、母になれなかった母の霊であり、母、子、産、死がメビウスの輪のように捻じれて繋がる複雑さを持つ。この捻じれは鬼婆、岩手とも共通しているだろう。

ウブメ伝承は古代から日本各地に残っているが、特に近世から現代においては日本の幽霊、妖怪の中でも特権的な扱われ方をしている。近世においては『奇異雑談集』（一六八七年）、鳥山石燕『画図百鬼夜行』（一七七六年）や多くの黄表紙、幽霊画に登場。現代では京極夏彦のデビュー作『姑獲鳥《うぶめ》の夏』（一九九四年）が与えた影響も大きい。

死んだ子供を抱いて川原や辻に立つ姿、白い着物の腰下が血で「真っ赤」に濡れる姿は、様々な形で図像化されているため、読者の多くも馴染み深いだろう。

そして福島県民にとってのウブメの存在感は、むしろ鬼婆を凌ぐとさえ言えよう。民俗学者、中山太郎は奥州にも古くからある「身二つ」の習俗が浄瑠璃『奥州安達ヶ原』へと影響を与えたのではと考察する（中山太郎『安達ヶ原の鬼婆々異考』一九二八年）。その一例として、鬼婆伝説と同じ福島県の平町（現いわき駅付近）では十九世紀後半まで「身二つ」の埋葬法が残っていたという実例を挙げている（中山太郎『屍体と民俗』一九三一年）。

中通り、浜通りと話題が出たが、何と会津では戦後の一九五〇年でも「身二つ」の埋葬が行われていた実例が報告されている。

「死胎分離埋葬事件」と呼ばれる出来事だ。

会津の山村、M村にて妊婦が死亡した。懐妊後間もなく内縁の夫に捨てられ、妊娠十カ月の身で妊娠中毒症にて死亡したのだという。葬式に集まった親族や村人達は彼女の死を悼むと同時に、ある強烈な恐れを抱いていた。

「腹の子がもう少しで生まれるまでになって死んだのだから、この仏様は浮かばれまい。必ず化けて七年間は、この家のむねにまつわりつくに相違ない」

福島県下でも、会津は特にウブメ信仰を残している地域のようだ。当地ではこれを「オボコ（産児）抱き」「オボダキ」と呼び、夜中のうら淋しい道端や橋に現れるとする。それは大抵白い着物に乱れ髪で、腕に抱えた赤子をこちらに向かって差し出してくる。

「この児をちょっと抱いてくんつぇ、髪とかしようも用達しようもねえから」

難産で死んだ女をそのまま葬ると浮かばれない怨霊となって、夜毎通行人に声を掛けるのだ。そのために難産死のときは胎児を取り出し身二つにして抱かせて葬るべきであるという（橋本武『猪苗代湖北民俗誌』一九七三年から参照、引用）。

M村の人々もこの祟りを恐れ、医師に解剖を依頼。腹を割いたところ双子の胎児が出てきたので、三つの遺体を棺に入れて葬ったという。しかし警察がこの事態を聞き及び、死体損壊罪に当たる行為として摘発。法関係者や民俗学者までをも巻き込んだ騒ぎとなったが、結局、当地の習俗への理解が示され不起訴となった。

（※事件の概要については山口弥一郎「死胎分離埋葬事件」『民間伝承』一九五三年を参照、引用）

福島における鬼婆とオボダキ……。私は個人的に、インターネット怪談の「アクロバティックサラサラ」もこの系譜に連なるものだと考えている。

二〇〇八年九月二十二日、2ちゃんねる（当時）オカルト板「ヤヴァイ奴に遭遇したかもしれん」スレッドにて、多数の目撃者から報告が相次いだ怪人、それがアクロバティックサラサラだ。

異常なまでに長身の女で、目深にかぶった赤い帽子から長い黒髪がたれており、纏っているのも真っ赤な洋服。その瞳は白目がないほど真っ黒で、牙の生えた口は大きく、左腕には無数の切り傷跡。不意に壁の向こうや屋根の上などに現れる。関わり合いになると危険らしく、凄い力で引っ張られて事故に遭わされたり、何処かにさらわれたりもする。

そうした特徴がスレッド住民によって語られていく中、「五年前くらいに知ったんだけど、俺の周りの人はそいつを『アクロバティックサラサラ』って呼んでるｗｗｗ」との書き込みによって名前が定着。アクロバティックな動きをし、サラサラの長髪をなびかせているから、というのがその理由だ。またこの後、略称としての「アクサラ」も定着する。

勿論こうした証言を「実話怪談」として扱う訳にはいかない。インターネット匿名掲示板ならではの、悪ノリによる集団創作と捉える方が現実的だろう。ただそれでもなお、私がアクロバティックサラサラに注目せざるを得ないポイントが二つある。

一つは彼女の出没場所が福島県、それも郡山及び隣接する会津地方に掛けてのエリアだということだ。

福島県での目撃が多いアクサラだが、そもそもスレッドを建てた主（＝「1」）の体験談が事の発端である。「1」は状況からして郡山市在住であり、当地でアクサラにつけ狙われているような体験を語っている。

そして「1」はスレ建てから八日後の九月三十日、アクサラに襲われ入院してしまったとの書き込みを投稿する。新潟から郡山へとバイクで帰る途中、「ちょうど会津辺り」で後方シートにアクサラとおぼしきものが乗り、「ギュッ！　っと後ろから抱きつかれ」て単独事故を起こす。両足と左腕を骨折する重傷で、（恐らく）郡山の「西〇〇病院」に入院しているのだという。

この書き込みを最後に、「1」からの投稿は途絶える。その後は「1」抜きで進行していくスレッドだったが、終盤に入り、アクロバティックサラサラの起源譚といえるような次のエピソードが投稿される（改行などはこちらが調整した）。

855：福島の某ビル、既に五年前に潰れてない。／潰れた原因が分かる者は当時の関係者。今は数名程しかいない。／そんな中突然、『自殺をしようと考えている女性社員がいる』と社内で噂になる。／そんな中、一人の女性社員の名前があがった……名前は本当に出せない。／当時二十七歳。結婚はしていなく、妊娠九カ月のときに相手の男性に逃げられた。／結局子供は産み、彼女は深夜二時過ぎビルの屋上から飛び下りた……子供を抱きながら。／彼女の遺体は無惨にもぐちゃぐちゃになり、腕には無数の傷があり、着ていた服は血の色に染まり、／何故か目玉がなくなっていた。／勿論、抱いていた子供も即死だった。／

不思議だったのは、ビルの十階から飛び下りた女が、八メートル程這ったような血液の痕があったことだ。
856：これが、某ビルで当時清掃員を勤めていた友達の話。／その後ビルは何故潰れたのか。／『男女含め何人もの社員が、原因不明の飛び下り自殺をしたのが原因だ』という噂。会社内で血にまみれた髪の長い女性が出るなどあり、気味が悪いとのことで会社を辞める者も多くいた。
以上、釣りと言う方がいるのが当たり前なんですが、そう言う方が嫌いなので以下はレスしません。
857：＞＞855／これが悪皿の大元の話なら、奴が福島にいるのは理解できる。／背が高いのも、その這った分の長さがプラスされてるってことだな。

――これが理由で、アクサラは「1」のような若い男を狙っているのではないか――といった考察が書き込まれる。そして「1」が病院で急死したらしいとの不確定情報が流れ、このスレッドは終了するのだった。

同スレッド内の数々の投稿の真偽はともかく……というより、これら全てが新しい怪談、都市伝説を創り出そうという虚構の集団創作だったとしても、それはそれで構わない。いやむしろ、そちらの方が結果として、彼らが真に恐怖しているものを炙り出しているのではないか。

恐らく「1」含め、福島でアクサラを見たという多くの投稿者が、（その目撃証言は嘘だとしても）福島在住若しくは地縁のあるものという点に嘘はないだろう。

福島の、それも郡山から会津に掛けての地域で、人を襲う鬼婆のような怪女がいるという。それはまるでオボダキのように、産まれたばかりの我が子を抱きながら死んだ女の成れの果てだという。

こうしてアクロバティックサラサラが産まれた。

最も恐ろしいものを考え出そうとしたとき、福島の人々は、そんな女を想像してしまうのではないだろうか。

会津怪談

煙鳥の章

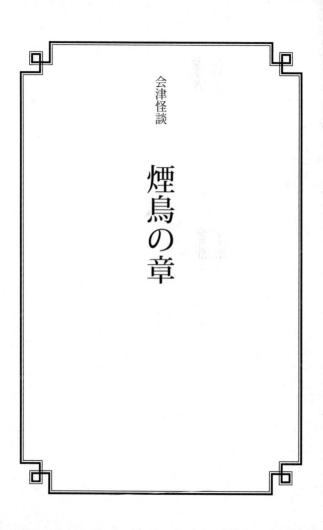

虫（会津北部）

僕は会津の出身であることを公表している。

会津怪談というせっかくの機会を与えられたので、自分が体験した出来事を綴ってみようと思う。


これは僕が小学生の頃の話だ。

その日は、朝から父に連れられて姉とともに車で出かけることとなった。

何処だったのかはあまりはっきり覚えいていないが、大体一時間ほど車に揺られたのではないかと思う。

車から降りると何処かの神社のようだった。本殿の前を通り過ぎて、その脇の住宅へ行く。

父が扉を開けて、挨拶すると廊下の奥から胡麻塩頭をした中年の男が出てきた。

タンクトップにハーフパンツ、神職の袴姿とは似ても似つかない格好だった。

「ああ、どうもお世話になります」

父がそう言うと、その男は上がれ上がれと僕らを住宅の中、畳張りの一室へと案内した。

室内にある文机の上には硯《すずり》と筆、灰皿などが乱雑に置かれている。

部屋に入ると、男は煙草に火を点けた。

ふうっと一服吐くと灰皿に火が点いたままの煙草を置いて、僕に向かって手を出すように言う。

何が行われるんだろう、と僕が恐る恐る手を出すと、男は僕の手首をそっと掴むともう片方の手で筆を執り、墨で僕の手のひらに何かを書き出した。

中心には梵字のようなふにゃふにゃとした字、その周りを囲むように大きな六つ角の星を描いた。周囲にも梵字のようなものを書いていた記憶がある。

暫く待っても何も起こらない。

「こっちのお兄ちゃんは大丈夫だな、どれ、そっちのお姉ちゃん来てみ」

姉の手を掴み、同じように梵字と星を書き出した。

書き終わって暫くすると、姉の手の真ん中から何かが「生えてきた」

にゅるっにゅるっと首を振るかのように蠕動《ぜんどう》しながらはい出てくる、乳白色の細長い糸状のもの。

半透明でミルク色の動く紐。

ヤスデの幼虫のように僕には見えた。縦一列に細かい足が生えていてワキワキと動いている。

「おお、出た出た」

男はそう言うと、姉の手から虫を掴み引っ張った。

するっと手のひらから抜け、男の手に掴まれてもがいている。

そのまま灰皿へ虫を投げ込むと、煙草の火でじゅうっともみ消すように焼いた。

「おし、これでいいな」

父がお礼を言って、そこを後にした。

大人になって、このことを父に話してもそんなことはした記憶がない、という。

だが僕だけでなく姉もはっきりと覚えている。

恐らく、然るべきときに、ここの存在を教えてくれるのだろうと大人になった僕はそう思っている。

狐塚　失くしもの（喜多方市）

喜多方市高郷町《たかさと》（旧耶麻《やま》郡高郷村）は新生代の化石が採掘される町として有名だ。阿賀川《あがかわ》をまたぐ塩坪橋《しおつぼはし》の下、そこに地層が広がっており、採掘されたアイヅタカサトカイギュウと名づけられた海牛は、新種としてその骨格の一部が高郷町の資料館に展示されている。

高郷町は米作りが盛んであり、美しい田園地帯が広がった町だ。

この田園地帯の中、市道から入った林の中に狐塚と呼ばれる小さな塚がある。

塚には、狐に纏わる伝説が残っている。

かつて、この土地に古狐が住んでいた。

この古狐は長い年月を生き抜いてきた結果、魔性を帯びた。

人間に化け、村の人々を騙して困らせるようになる。

ある日、古狐はまた人を困らせようと思い、美しい女に化けた。

今か今かと近くを通る村人を待ち構えていると、そこに村の若者が通りかかった。

今だ、とばかりに狐が美女に化けて飛び出し、困惑した表情を浮かべて声を掛けられるのを待つ。

「何か、困ってっごちゃあんだが?」

若者が狐に声を掛けると、狐はしめしめとばかりに言葉を返す。

「道に迷いまして、難儀しております」

狐は丁寧な町言葉で言う。

「じゃあ、おらさ付いでこい、村まで送っていぐがせ」

若者は美女の前だからであろう、意気揚々と胸を叩いて歩きだす。

こいつも騙せた。この後どうしてやろうか。

狐は若者の後を付いていきながら、笑いをかみ殺している。

さぁ、何か声を掛けよう。

「ちょっと疲れてしまいました、ここで少し止まる訳には行きませんでしょうか」

しかし若者は狐の言葉が聞こえていないかのように、ずんずんと無言で歩いていく。

聞こえていなかったか? もう一度。

「あの、ここで止まる訳には」

はっと狐が気付くと、若者の背後に人影が付いていていてこちらを見てにやにやと笑っている。

人影は狐を見ると、両手で自分の耳を塞いで首を横に振っている。

この人影は、神であった。

この神は耳が聞こえず、また耳垂れを治してくれる神としてこの辺りで祀られていた。しまった、これは若者を助けるつもりだ。

こちらの言葉が若者に届かないように、化かされないように若者の耳を塞いだのだ。

普段から己を祀っている村人のために手を貸したのだ。

神の仕草は、お前が幾ら声を掛けようが聞こえていないぞ、という意味だったのだ。

狐はこの若者を騙すことを諦めた。

それから村の住民達を騙そうとすると、いつもこの耳が聞こえない神が来て邪魔をする。

狐は化けることを止め、この林の中で息絶えた。

その遺骸を埋めて祀った塚がこの狐塚である、という。


僕が狐塚を訪れたのは、初夏だった。

東京から来た怪談仲間の友人二人とともに、この塚を見に来たのだった。

市道から少し階段を上るとすぐにその塚は見えた。

高さ五十センチメートル程度だろうか、石造りの小さな小さな社だった。

強烈なコントラストを放つ緑の葉が生い茂る中に、白い塚はあった。

塚を訪れて手を合わせ、数枚の写真に収めて僕らはその場を離れた。


会津観光が終わり、僕の実家に戻ったときだった。

友人の一人、佐藤が鞄をひっくり返して中身を出したり、ポケットの中を焦ったようにしてまさぐっている。

どうしたと声を掛けると帰りの高速バスチケットがない、と青い顔で返す。

「何処で失くした？」

「狐塚のところまではポケットにあったんだよな……」

じゃあ狐塚に落ちているかも、と僕らは狐塚に引き返すこととなった。

しかし、時刻はもう夜も更けていた。

狐塚の近くには電灯等はない。

僕の車のヘッドライトを照らし、それぞれが手に持ったスマートフォンや懐中電灯の明かりを頼りに探す。

塚の周りを確認し、付近の道路もくまなく探していく。

しかし、努力もむなしくチケットは全く見つからない。

狐塚

狐塚遠景

どうしよう、と佐藤は半ば泣き顔になっていた。

ここじゃない何処かで落としたのか、でも全く心当たりが思い浮かばない。

探し始めてから暫く経ち、時刻は既に深夜になっていた。

とりあえず今日は戻るしかないよ、と声を掛けて実家へと戻り一晩を過ごした。

早朝、佐藤がもう一度だけ狐塚に連れてってもらえませんか、明るくなったら分かるかもしれないのでと訴えてくる。

僕は友人らを車に乗せて再び狐塚に戻った。


結論から言うとチケットはすぐに見つかった。

ヘッドライトを照らし、何度も何度も確認した。

何度も何度もその前を通り、中も覗いた。

チケットは、狐塚の塚の真ん前に綺麗に折り畳んでぽんと置いてあった。


うちら、きっと化かされたんすよ。

そう言って佐藤はチケットをポケットにしまい込んだ。

狐塚　ヘッドライト（喜多方市）

狐塚で不思議な体験をしたことで、僕はこの塚がとても気に入った。

ここに伝わる化け狐の伝説を思い出し、その存在が今もここにいるように感じていたからだ。

それから僕は時間に余裕があるときは、狐塚の前を通っては塚を道路から見上げていた。

いたずら好きな友人でもできたかのような気分だった。


ある夜、仕事を終えた僕が実家へ帰ろうとしたときだった。

今日は時間があるし、また狐塚の前を通ろうか。

通勤路から大きく道を外れて高郷町へと入ることにした。

当時独身で実家暮らしだった僕は、時間に余裕があった。

どれ、顔出しに行くか。

狐塚の前まで百メートルほど手前に来たときだった。強烈な光が車内に飛び込んできた。

うっと眩しさに目をつぶる。車のハイビームらしき強く白い光で照らされていた。

その光は狐塚がある林の中から発されている。

一体これは何の光だと驚いているうちにふっと明かりは消える。

辺りは一切明かりのない暗闇へと変わった。

僕は車を狐塚に近付けて降車した。辺りを見渡す。

やはり、光源となりそうなものなどない。

林の中に小さな古ぼけた塚があるだけだ。


それから、僕は時間に余裕があるときは必ず狐塚の前を通ることにしていた。

今度こそ、今度こそ光の正体を確かめたい。

狐塚周辺の道路は交通量がそもそも少ない。

そのため通過するときにはなるべくスピードを落とし、周りを見渡しながら走行していた。

あれからおかしなことは一切起きていない。

それでも僕は、かつてここに封じられたいたずら好きの友人（勝手に友人と呼んでいるだけだが）が再び何かをしてくれるんじゃないか。

そんな淡い期待を抱いていた。

ハイビームで照らされて、二週間も過ぎた頃だろうか。

仕事を終えた夜、僕はその日も狐塚の前を通ることにした。

狐塚まで百メートル程度の地点、前回と同じ辺りに着いた瞬間、再び車内が光で真っ白になった。

車のハイビームだ。

また光は狐塚がある林の中から発せられている。

即座に車を停める。その瞬間に直感したことがあった。

この光から目を離したら消える気がする。

光はまだ林の中から発せられている。

僕は光を見つめたままギアを操作し、エンジンを切り、シートベルトを外した。そして車のドアを開け、閉めるその瞬間。

一瞬だけ車体の方を確認してしまった。

すると、明らかに辺りの明度が落ちている。

しまった。急いで顔を上げる。

林の中からの光は消え、辺りにはただ暗闇だけが残っていた。

このときほど、自分の迂闊《うかつ》さを後悔したことはないかもしれない。

僕の頭には、手を口に当てて、こらえ笑いをするような狐の姿が頭に浮かんでいた。

偽汽車、という怪異が明治時代の頃に語られていた。

日本に蒸気機関車が導入されて鉄道が普及し始めた頃、存在しないはずの汽車が現れたり、忽然《こつぜん》と姿を消す汽車が現れたりする怪異である。

その正体は狸や狐が人を化かしているのだと噂された。

人と同じく、狸や狐もこの時代になって初めて蒸気機関を見たことだろう。

この新しい乗り物に彼らも適応して人を化かしていたのだ。

だとすれば、あの晩僕を照らした明かりは狐火だったのかもしれない。

明治の頃、狐達は汽車に化けたんだ。

現代では狐火がハイビームの光になったっておかしくない。

そんなことを考えて、またしても化かされてしまったと嬉しく思っていた。

あれ以降も僕は何度も狐塚を通ったが、何もおかしなことは起きていない。

あのいたずら好きの友人が再び僕を化かしてくれることを楽しみに待っている。

すいませんが

（喜多方市）

前述した狐塚の伝承によく似た怪談を、喜多方市で採話することができた。
話者の曽祖父が生前よく語っていた話だという。
ほんの、百年ほど前の話だ。
会津ではまだ化け狐が辺りをうろついていたようだ。

その日、彼は隣の集落まで酒を買いに出ていた。
当時、酒を買う店が近くにないため、隣の町まで行かねばならなかった。
暗い森の中を通る道を行き、酒を買って帰るときだった。
道の前方に俯いて立つ女がいた。
この辺りに住む者ではない。見たことのない女だった。
とてつもなく美しい女だった。
横を通り過ぎようとすると、突然声を掛けてくる。
「すいません」

驚いて振り返る。ぞっとするほど美しい。

「はぁ、何でしょうか」

「あの……あの、夕方になったので帰れずに困っております」

「はぁ」

「あの……厚かましいとは思いますがお家に泊めていただけないでしょうか」

何を言うのか、と思った。百年前とはいえ、突然家に泊めてくれ、と。しかもこんなところでたった一人、薄闇の中人が通るのをじっと待っていたと思うと何だか恐ろしかった。

気味が悪い。断ろう。

「すいません、今うちにお客様が来ていて駄目なんですよ。もう少し向こうへ行ったら家がまたありますから」

それだけ言って立ち去ろうとした。

しかし、後ろからまた声を掛けられる。

「すいません、すいませんが」

「いや、駄目だって。悪いけど」

女はこちらに声を掛けながら後ろを付いてくる。

「すいません、すいません」

……この女、頭がおかしいのか。

いよいよ恐ろしくなり、黙って振り切ろうとした。

「すぎょまぜんがずぎいいまぜんが」

何を言っているのか分からなくなった。

聞き取れない言葉をぶつぶつと自分に叫んでいる。と、いきなり後ろからがばっと飛びつかれた。


はっと気付くと、歩いてきた道ではなく家の前に倒れていた。

追いはぎだったのか、と持ち物を見ると、買ってきた酒が綺麗になくなっていた。

これが狐に化かされるという奴か。

あれが狐だったのか、と思うとあの美しさも納得できたのだという。

女について曽祖父は生前、物凄く綺麗な人だったというのは覚えているが、顔を思い出すことはできない。今まで生きてきてあんなに綺麗な人は見たことがないと語っていたそうだ。

ほんの百年ほど前。

化け狐は会津の生活のすぐ隣にいたのだった。

酒宴（喜多方市）

会津地方では前述したように狐に関する伝承、伝説が数多く残っている。

これは喜多方市に住んでいた良吉さんという高齢の男性から聞いた話だ。

若い頃、晩酌のために隣町まで出て酒と肴を買って帰る途中のこと。

田んぼの真ん中を通るあぜ道を歩いていた。

もう辺りはだんだんと暗くなり始め、白い月が昇っていた。

夜風に吹かれながら薄闇の中を歩いていると、前の方からがやがやと騒がしい声がする。

一体何の集まりだろうと見ると、前方のあぜ道で大勢の人が茣蓙《ござ》を敷き、車座に座って楽しそうに宴会をしている。

男達は酒を手に笑い、女達は酒を注いで回っている。

何とも愉快そうだ。

彼が近くを通ると、車座の中に座っていた一人の男が声を掛けてきた。

「おお、良吉さんじゃねぇが。おめも混ざれ混ざれ」

その男に見覚えはなかったが、誘われてそちらを向くと人々みんなが楽しそうに彼を誘う。

「遠慮はいらねぇがら！　来てみっせ！」

おお、そうかと彼も楽しそうな酒宴に加わった。

すぐに女達が寄ってきて酒を注ぐ。

何とも美しい女達だった。そのうちに女達は踊りだし、料理も次々と何処かから運ばれてくる。

ふと気付くと、良吉さんはあぜ道のど真ん中に寝ていた。

辺りを見るとすっかり暗くなっている。

はて、飲んでいる最中に寝てしまったのか、そのうちにお開きになったのか。

誰か起こしてくれても良いのにと思った。

立ち上がり、周りを見渡すとそこらじゅうが狐の足跡だらけだった。

人間の足跡は自分のものと思われるものだけである。

はっと思い、酒と肴を入れた鞄を見るとバリバリに引き裂かれていて、中身の酒と肴はすっかり消えていたという。

青い帽子（阿賀川流域）

福島県には阿賀川という大きな川が流れている。
福島県に源流を持ち、会津地方を通り新潟県を流れ日本海へと注ぐ河川だ。
この川は会津を越えて新潟県に入ると阿賀野川《あがのがわ》と名前を変える。
会津地方にはこの阿賀川を渡るための橋が各所に作られている。

これは阿賀川を渡る橋の近くに住んでいた、山田さんという男性から聞いた話だ。
山田さんは幼稚園の頃に、青い丸いつばの帽子を被っていた。
その帽子が彼のお気に入りで、遊ぶときはいつもその帽子を被っていた。

ある記憶が、山田さんにある。
彼の家の近くには阿賀川が流れていて、川をまたぐ大きな橋が架かっている。
橋から下の水面までは高さが約二十メートルほどある。
山田さんが通学するときや、友達の家へ行くときはいつもこの橋を渡っていた。

橋を渡っていたとき、被っていた青い帽子が風に攫《さら》われて空を舞った。

あっと思っている間に帽子は橋から落ちていき、水面に着いて川に流れた。

そのとき、山田さんの横に知らないおばあさんがいた。


山田さんが泣きながら家に帰ると、阿賀川に流れたはずなのに、青い帽子が玄関先にぽんと置いてある。

良かった、帽子、あった！

帽子があったことが嬉しくなって、小さな頃には別段気にもしなかった。

山田さんが成長するにつれて、あのときの記憶は何だったのだろう、確かに帽子は阿賀川に流れたはずなのに、とおかしいということに気付き始めた。

両親に聞いても帽子を川に流したなど聞いたことがないし、新しく買って与えたこともないという。

それならば、ただの記憶違いなどで話は終わるのだが彼はその帽子に固執し、今思い出しても震える、と語っていた。

「その知らないおばあさんなんですけどね」

青い帽子が落ちた瞬間のことだった。

横にいたおばあさんが突如として叫びだした。

「あっ！　ああっ！　あああああっ！」

楽しそうに叫び、橋から何のためらいもなく川へと身を投げた。

そして、阿賀川に浮かぶ彼の青い帽子を掴むとずっと水の底に沈んで見えなくなった。

その様子が怖くて泣きながら帰ると、そのままそっくり落とした帽子が家の玄関先に置いてあった――のだそうだ。

漆の円盤（会津若松市）

伊藤さんという女性から聞いた話だ。

彼女は会津地方に引っ越して、とある病院に行くこととなった。

その病院の近くに神社を見つけた。

彼女はこんなところにこんな大きな神社があるんだな、と思いながらその脇を通り過ぎていった。

その神社の名前を「諏方《すわ》神社」と言った。

彼女は病院での要件を終えたその夜、奇妙な夢を見た。

彼女の目の前に一人の男が立っている。

男は、つやつやした真っ赤な漆の円盤のようなものを、まるで巨大な襟巻きのように顔にはめている。

漆の円盤をはめている男の頭部はひまわりの花のようになっており、その中心が顔だった。

つやつやとした円盤が光を反射してぎらりと赤い光を放っている。

何だ、こいつは。

彼女が身じろぎすると、その男の口が動き、何かを呟いている。

「本当に許せない、絶対に許さない、何でこんなことに」

怖くなった彼女はその場から走りだした。

男はぼうっと突っ立っている。

彼女が闇雲に走りだした先、そこに赤い鳥居が見えた。

鳥居を潜ると見覚えのない神社があり、一人の巫女が神社の前にいるのが見えた。

彼女に助けを求めよう。

「あの、変な男の人に会って、それで」

息が上がって上手く話せない。しかし巫女は静かに頷きながら聞いている。

「もう、大丈夫ですよ」

巫女は落ち着いた声で彼女に語りかける。

ああ、良かった。


そのときに目が覚めた。

一体、何の夢だったんだろう。

伊藤さんには弟がいる。

伊藤さんがふと夢のことを思い出し、話をすると弟ははっとした顔をして言う。

「それ、朱の盤じゃない？」

伊藤さんは朱の盤とは何か、全く知らなかった。

「何それ」

「俺もたまたま昨日知ってさ、会津にいる妖怪なんだけど、人を驚かす妖怪なんだって」


会津地方に伝わる朱の盤とは、「ここには朱の盤という妖怪がいるそうだが、あなたは知っているか」と聞くと、「それはこのようなものですか」と顔を見せてくる妖怪で、満面朱を流したように赤く、鬼のような顔をしていて、何度も人の前に訪れては人を驚かす妖怪のことだ。

朱の盤、その伝説が残る土地を「会津諏訪の宮」という。

伊藤さんが夢を見る前、訪れた神社の名前を思い出す。

確か「諏方神社」だった。

赤い、つやつやした漆の円盤を顔に着けた男。

彼女が朱の盤の存在を知らなかったにも拘らず、諏訪神社に訪れたその夜に現れた、それ。

もしかしたら、あれが朱の盤だったのか。

そう彼女は思っている。

鴉鳴き（喜多方市）

鴉鳴きが悪いと不幸が起こる、という言い伝えを聞いたことはないだろうか。

古くから全国的に知られている言い伝えなので、何処かのタイミングで耳にした人も多いだろう。

僕が生まれ育った会津でも言われており、よく祖母が口にしていた。

「鴉鳴き悪りぃ、嗤ってっぺ。誰か死ぬかもしんねぇ」

気ぃ付けて山さ行くべ。

そう言って畑へと出かけていく姿をよく目にしていた。

会津の言い伝えは、〈鴉が笑うように鳴くと人が死ぬ〉というものだった。

遠藤さんという喜多方市に住む女性から聞いた話だ。

彼女も幼い頃から〈鴉鳴きが悪いと人が死ぬ〉、という言い伝えを耳にしていた。

しかし、彼女には〈鴉鳴きが悪い〉というものが一体どういうものなのか分からなかった。

鴉が嗤うように鳴くのを鴉鳴きが悪いというのだ、と祖父からは教えられていたが彼女にはどういった鳴き声が鴉の嗤い声なのか、聞いたことがなかった上、鴉が嗤っていると感じたこともなかった。


ある年のお盆近くの頃、遠藤さんが集落内を散歩していた。

会津の夏は暑く、長い。

額に汗をうっすらと滲ませながら目に眩しいほどの光を浴びて、古い蔵が並ぶ集落を歩いていた。

〈あ〜ひょひょひょひょ〉

今まで耳にしたことがない声だった。

人が声を裏返して、発した奇声のように聞こえた。

そしてそこには嘲笑の意思が感じられたという。

誰だ？

〈あ〜ひょひょひょひょ〉

〈あ〜ひょひょひょひょ〉

声の主は一人ではなく、何人もいるかのように重なって聞こえてくるが、妙だった。

声質が全く同じだった。

更に空の方から聞こえてくる。

辺りの家々を見渡すと、集落内にある皆川家の屋根に声の主がいた。

鴉だった。

夥《おびただ》しい数の鴉が皆川家の屋根に留まっており、屋根の上が黒く染まっていた。

〈あ～ひょひょひょひょ〉

鴉達は首を上下しながら、声を上げている。

〈あ～ひょひょひょひょ〉

鴉が、嗤っている。

その瞬間、全身に鳥肌が立った。これが鴉鳴きが悪いという鳴き方かと祖父が言っていた意味が分かった。

皆川家の屋根で笑う大量の鴉の中に、一羽だけ変わったシルエットの鴉がいた。

その鴉は皆川家の祖父の顔で嗤い声を上げていた。

〈あ～ひょひょひょひょ〉

遠藤さんはすぐにその場から立ち去った。

その日は、皆川家の祖父の命日となった。

ゆうれいのあしあと（会津若松市）

会津若松市内に大龍寺という古刹がある。

大龍寺の起源は、寛永二十年（西暦一六四三年）二代将軍徳川秀忠の四男として生まれた保科正之公が陸奥国会津藩主を命ぜられた際に、保科公とともに会津に移った機外昭鑑禅師を祖として開山した。

その後大龍寺は会津藩士の家中寺として栄えた。

大龍寺は聖観音菩薩、不動明王を御本尊としており東北三十六不動尊霊場の一つにも数えられている。

新島八重の高祖父に当たる人物から大龍寺を菩提寺としており、敷地内には八重が書いたとされる「山本家之墓」の墓標が残っている。

この大龍寺にはもう一つ有名なものが存在する。

本堂の中に幽霊の足跡と伝えられる床板がある。

僕は十数年前、この大龍寺を訪れ取材させていただいたことがあった。

「幽霊の足跡を見てみたいのですが」

と、現れた不審極まりない僕を温かくもてなしてくれ、快く本堂に通していただいた。

本堂に漂う凛とした空気の中、それはあった。

床板に確かに足跡が付いていた。

つま先からすり足で強烈な力で以て踏み込んだかのように、床板がへこんでおりしっかりと土踏まずの跡まで残っている。

驚いたのはその大きさだった。

四十センチメートルは優に超えているだろうか。

巨大な右足だけの足跡だった。

「こんな不思議なものがあるのに、私は全く幽霊は見たことがありませんね」

と住職の奥様は笑ってお話ししてくれた。

読者諸氏は御本尊に手を合わせるとともに、この幽霊の足跡を見せていただくことをお勧めする。


さて、話者から場所を伏したのであれば書いても構わないという約束のもと記すが、実は会津には幽霊の足跡が付いている古刹がもう一つ存在する。

その場所は一般には公表、公開されておらず、僕も全くその事実を知らなかった。

その古刹にある幽霊の足跡に纏わる怪談だ。


金山さんという男性に聞いた話だ。

金山さんは前述した幽霊の足跡が残る寺の檀家だ。

ある年の年越しの際に金山さんは寺へと赴いた。

寺には鐘があり、年越しの際には百八あるという煩悩を除くために、除夜の鐘を毎年鳴らしている。

金山さんも鐘を衝き、振る舞い酒を口にした。

毎年、寺には基本的に檀家しか集まらないため、集落の見知った顔ぶればかりが並んでいる。

振る舞い酒を口にする前から金山さんは自宅で親戚一同と酒をしこたま飲んでおり、振る舞い酒の時点では泥酔に近かったという。

仲の良い友人、地元に残った同級生らと寺の敷地内で酒を飲んでいるときに一笑い取ろうと思った、と語る。

金山さんは本堂の方を向き、大声で叫んだ。

「おい、足跡の幽霊、年越しのときぐらいいるなら出てきてみろ！」

一同は大いに笑った。

寺に幽霊の足跡が残っていることは幼い頃から知っている。

しかし、幽霊を見たという話は一度も聞いたことがなかった。

一同の笑いを取った金山さんは千鳥足で自宅へと帰った。

玄関の戸を開けると金山さんの妻が真っ青な顔で出迎えてきた。

「さっきから、変なの」

「どうした、何があった」

金山さんが答えながら靴を脱ぎ、玄関を上がる。

親戚達はさっきまで酒を飲んでいた居間ではなく、玄関先にある廊下に固まっており、皆息を潜めるように押し黙っている。

「何だよみんなして」

親戚の一人が居間の先、縁側を指差して言う。

「さっきから、誰かいるんだよ」

金山さんが寺へと出かけていった、その後のことだ。

居間で酒を飲んでいると、誰かの足音が聞こえることに気が付いたという。

足音は縁側から聞こえてくる。
縁側は居間の先にあり、縁側と居間はガラス戸で仕切られている。
縁側の電気は消されており誰もいない。
この場にいない者は一人もいない。
では、この足音は一体。
「なあ、さっきから足音が」
そう口に出した瞬間。
ドドドドドドドド！
誰かが怒りを込めて踏み鳴らすかのように、足音が縁側を走りだした。
一同は声を上げて玄関先の廊下に逃げてきたのだという。
金山さんはそれを鼻で笑った。
そんなこと、あるもんか。
金山さんが居間へと続く扉を開けたときだった。
ドドドドドドド！
家自体が震えるほどの足音が縁側を走りだした。
金山さんは寺で口にしたことを思い出し、一気に酔いが覚めた。

俺のせいだ。幽霊、本当に来やがった。

金山さんはそのまま家を飛び出し、寺へと戻った。

寺に戻り、住職に事情を話すと本堂に通された。

金山さんは本堂に付いた幽霊の足跡に向かって頭を下げ、分かった、もう分かったから許してくれ、と告げた。

家に戻ると、足音はすっかりと消えていたという。

それ以来、金山さんは寺に行くときには本尊に手を合わせるだけでなく、幽霊の足跡にも手を合わせることにしているという。

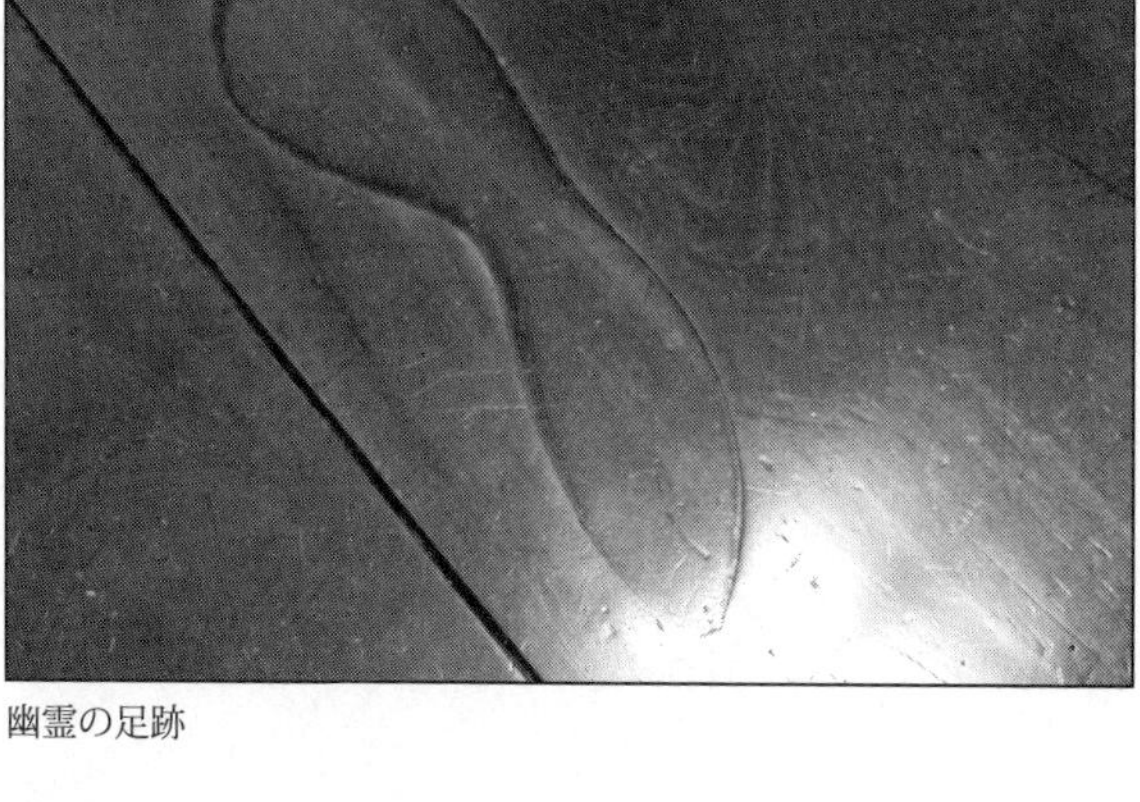

幽霊の足跡

伸びる（会津坂下町）

会津では天神信仰が盛んで、天神様とは学問の神様と呼ばれる菅原道真公を祀ったものだ。

これはかつての会津領主、蒲生氏郷公が京都から人形職人を呼び道真公を象《かたど》った天神人形を作ったことが始まりとされている。

そこから会津では特に男の子の守り神として親しまれており、会津の一部地域では男の子が生まれるとその子の守り天神として天神像を与える。

現在は五月人形のようなしっかりとした造りだが、かつては張り子細工でできていた。

これを五月五日の端午の節句、そして三月三日のひな祭りの際に仏間等に飾る行事がある。

僕の家では先祖代々の男の数だけ人形が作られているので、二十体近い天神像がこの日にざっと仏間に並ぶ光景になっていた。

時代によって髭を蓄えていたり、顔の形に違いがあり、この光景はいつ見ても興味深い。

しかし、共通しているのはどの天神様も優しげな表情をしているということ。

これら一体一体が自分の祖先達の守り天神だったのかと思うと、自分の身体に流れる血に思いを馳せる。

僕はこの光景が好きだった。そのため、僕の長男にも守り天神を与えている。

また、天神様は学問の神様として有名なので、受験シーズンに近くなると会津の学生は天神様を祀る天満宮に手を合わせに行く。

僕も高校受験、大学受験の際に雪が降りしきる中、手を合わせに行ったことをよく覚えている、

道真公と言えば怨霊としてのイメージもあるが、会津の人々にとっては心優しく身近な存在として古くから寄り添っていたものだった。

ここでは、会津の人形に纏わる怪談について書く。

菅野さんという男性から聞いた話だ。

彼の母の実家は会津にあり、そこに所謂「髪が伸びる人形」があるのだという。

人形は実家に元々あったものらしい。

母の実家は会津の旧家であり、蔵を二つ持っているのだという。

ある日、祖父が蔵を掃除していたところ、大きな木箱を見つけた。

中には様々ながらくたが入っていたが、その中に人形があった。

非常に繊細な筆使いによって作られた表情。
細やかな模様が入った着物。
今でも黒々とした、つややかな髪。
埃をかぶっていたが、立派なものであることはその状態でも分かった。
恐らく、先祖が残していったものだろうと綺麗に埃を落とし、床の間に飾った。
それから暫くして、その人形の髪がおかしいことに気付いた。
元々は切りそろえてあった髪、そこから一房ほど毛が伸びている。
家族は気味悪がった。こんな生え方はするはずがない。
「何じゃ、これ気味が悪い」
祖父はそう言うと、その一房の髪をばっさりと鋏《はさみ》で切り落とした。
切り落とした直後のことだった。
祖父は突然ふらふらとした足取りになったかと思うと、白目を剥《む》いてその場に倒れた。
それから、祖父は三日ほど高熱で魘《うな》された。
家では人形を捨てるに捨てられず、絶対に誰も触らないようにと人形に布袋をかぶせて
縄でぐるぐるに縛り、床の間の隅に置いておくことにした。
今でも、遊びに行くとそこには縄で縛られた古い布の塊のようなものがあるらしい。

その話を聞き、僕は是非今どうなっているか見たいと伝えた。

するると菅野さんも興味があったようで、僕も気になっているんですよ、今度見てきますねと言ってくれた。


それから暫く経って、菅野さんから僕の許に電話が掛かってきた。

「駄目だ。もう、怖すぎて何もできなかった、ごめん」

「何があったんですか?」


彼は母方の実家へ遊びに行く予定が立ち、喜び勇んで出かけていった。

挨拶もそこそこに仏壇に線香を上げ、今か今かと家族や親戚の隙を見て床の間に入った。

小さな頃からいつもあった布の塊。

その縄を解いた中から出てきたものは、毛の塊だった。

髪は伸びに伸びて、行き場をなくして人形の首から顔から全身にぐるぐると巻きつき、巨大な黒々とした塊と化していた。

人形は、袋をかぶせた跡もぞろぞろと毛が伸び続けていたことになる。

恐ろしさのあまり袋をかぶせて縄で巻き直し、その場を後にしたという。

とってください（猪苗代町）

耶麻郡猪苗代町は猪苗代湖や有名なスキー場を持った町だ。

夏は猪苗代湖での湖水浴や釣り客、また付近にあるキャンプ場を訪れる人々で賑わい、冬はスキーやスノーボードを楽しむために県外からも沢山の人々が訪れる。

猪苗代町は郊外へ行くとのどかな田園地帯が広がっており、自然豊かな里山の風景を楽しむことができる。


これは猪苗代町に住む井坂さんという女性に聞いた話だ。

当時中学生だった井坂さんは帰り道を急いでいた。

季節は冬。多くのスキー場がある猪苗代町には、沢山の雪が降り積もる。

部活動で遅くなった井坂さんは雪が降りしきる中、既に暗くなった道を歩いていた。

気温は日中からかなり下がっており、手袋を着けてマフラーを巻き直し、足を進めていた。

その途中に通りかかる道は田んぼが両側に広がり、真ん中に道が延々まっすぐに続く。

道には五十メートルほどの間隔に電灯が灯り、真っ暗な道をぽつぽつと断続的に照らす。

井坂さんが歩いている途中、電灯の向こう側、照らされていない黒い空間に能面のような真っ白な顔だけが浮かんでいる。

何だろう、あれ。

井坂さんが近付くにつれて分かった。

それは能面のような装飾のない仮面を付けた男だった。

男は黒いコートのようなものを着ており、全身真っ黒であるため暗闇に顔だけが浮いているように見えていたのだった。

絶対変な人だ。何か、されるのではないか。

井坂さんは怖くなったが、家に帰るにはここを通るしかない。

……何事もありませんように。

男から目を逸らし、まるで気が付いていないふりをして横を通り過ぎることに決めた。

近付いても男は微動だにしない。

何もしてきませんように。

男の横を通り過ぎる瞬間、すっと男の手が動いた。

男は井坂さんの腕を掴み、顔を目の前まで近付けてきた。

「とってください」

井坂さんは叫び声を上げて男の手を振りほどこうとしたが、男の指は強く、締め上げるかのように握り続けてくる。

振りほどけない。

しかし、井坂さんが手を振るとすぽんと男の手とともに手袋が抜けた。

今だと井坂さんがその場を逃げ出した。

暫く走り後ろを振り返ると、能面の男は手袋ごと消え、誰もいない田んぼ道が広がっているだけだった。

ぽつぽつと街灯が道を照らしていた。

お地蔵様（会津若松市）

美紀さんという女性に聞いた話である。

彼女は幼い頃、会津にあるお寺へ家族旅行に出かけた。

その寺は敷地内がちょっとした観光地のようになっており、御神体として大きな観音像などがあるところだった。

家族は興味深く施設内を見ていたが、彼女は早々に飽きてしまい、お土産屋を覗いていた。

その中で一つ、目を惹くものがあった。

それは五センチメートルくらいの小さなお地蔵様だった。

片目がくりぬかれており、そちら側の目が半分だけ閉じている。

つまり、可愛らしくウインクをした格好になっている。

同じお地蔵様が沢山並んでいる中から一つ、何故か強烈に〈絶対に買わなくてはいけない〉と思った。

何故かは分からない。

分からないが買わなくてはという義務感のようなものに襲われ、気付くとレジへ持っていっていた。

彼女はそのお地蔵様を大切にし、机に仕舞っておいた。


ある日、彼女の家で飼っていた犬、ロッキーが怪我をした。

マナーが悪い車が後ろから突っ込み、ロッキーは頭を打った。

そのままロッキーは倒れ、驚いた家族は急いで病院へ向かった。

診断は頭蓋骨陥没。もう、長くはないことが告げられた。

彼女は何かに祈ろうとした。

しかし、家は引っ越したてで仏壇も神棚もない。

彼女はお地蔵様のことを思い出し、机の中からお地蔵様を出して、ロッキーを助けてください、ロッキーを助けてください、大事な、大事な家族なんです、と必死に祈った。

そんな彼女の願いもむなしく、ついにロッキーを看取らねばならない時が来た。

獣医から声が掛けられたのだった。

家族がロッキーの周りを囲み、涙ながらに声を掛ける。

「ロッキー、ロッキー……」

「今までありがとう、本当に楽しかったよ」

彼女が言う。

「でもね、ロッキー、なかなか死ななかったんですよ」

驚いたことに、そこからロッキーは回復し、その後十年ほど生きて十六歳の天寿を全うした。

彼女がロッキーが回復しだしたときに気付いたことだが、お地蔵様の半分閉じていたはずの目が完全に開いていた。

それから、お地蔵様をより大切にして、普段は机に仕舞っておき、事ある毎に机から出しては手を合わせていたという。

ある日、友達が遊びにきたとき、部屋に入るなり、

「何か凄いものがない？」

と彼女に聞いてくる。

凄いもの？　思い当たるものは何一つない。

訳が分からない彼女に対して友人は机を指差して言う。

「お地蔵様、入っていない？」

何故知っているんだと驚き、聞くと、

「霊感、みたいなものかなぁ」

とぼんやりと答えた。

更に彼女は「それ、神様が入ってる。大切にした方がいいよ」

そう微笑んで言った。

美紀さんは今でも、両目が開いたお地蔵様を大切に持っている。

人飲み沢（会津南西部）

会津地方には阿賀川を始め、沢山の河川が流れており渓流釣りが盛んである。

渓流釣りは川の上流を目指し山に分け入っていって、イワナやヤマメ等を狙う。

そんな渓流釣りが盛んな会津だが、会津に人飲み沢と呼ばれる禁忌の場所が存在する。

人飲み沢はその名の通り、今まで沢山の釣り人達を飲み込んで溺死させたと噂される沢だ。

人飲み沢は足場が悪く、苔が生い茂っているため足を滑らせやすい。

地元の人々は危険な場所として足を踏み入れないが、踏み入れないからこそ沢には大物の魚が棲んでいる。


これは人飲み沢に行ったことがある但見さんから聞いた話だ。

但見さんは大物のイワナを狙いに人飲み沢に足を踏み入れた。

勿論、但見さんは人飲み沢のことは知っていたが、彼は熟練の渓流釣り人だ。

装備も調えており、天候も良好。

沢に入ると、既に大きな魚影が見える。

但見さんが竿を振り魚影近くに餌を流すと、勢いよく食いついてくる。

イワナは警戒心が強く、釣ることが難しい魚と呼ばれている。

それがこの人飲み沢では面白いほど釣れる。

やはり、人があまり踏み入れない場所なのだろう。

但見さんは嬉しくなって沢をどんどん上流へと向かっていった。


夢中になって気が付いたときにはもう日が暮れだしていた。

ここまで上流を登ってきた時間を考えると、引き返すには遅すぎる時間になっていた。

まずい、と思ったが但見さんはかつて聞いたことがあった。

人飲み沢の上流には無人の小屋がある、と。

そこまで登り、小屋の中で朝を迎えてから帰ろうと決めた。

但見さんは釣りを中断してひたすらに沢を登っていった。

暫く沢を登ると、沢から見上げた林の中に小さな小屋が見えた。

板で組み上げて、壁をトタンで補強した粗末な小屋だった。

トタンは錆びており、苔や蔦が絡まって長い年月のままここに放置されたことを思わせる。

但見さんが近付いて壊れそうな引き戸を開けると、中はがらんとしており、釣り用なのか、簡易的な折り畳み椅子だけが置いてあった。

ここで夜を明かそう。

季節は夏、凍死する危険もない。

但見さんは椅子に腰かけ、背中を壁にもたれて休むことにした。


眠っていた但見さんはふと目を覚ました。

――外から足音がする。

もしや熊か？

但見さんは身を強張らせる。

が、足音の主は一つではないようだ。

何人もの行進のように足音が小屋の周りをぐるぐると回っている。

硬い音。

それはブーツ、若しくは沢登靴の硬いソールを思わせた。

これは、人だ。

こんな時間に、何人もの人が小屋の周りにいる。

人飲み沢の下流

但見さんが起きている状況に唖然としていると、足音は一斉に止まった。

「けぇれ」

外から低い男の声がした。

「けぇれ、けぇれ」

「来ちゃなんね」

「下りろ、下りろ」

次々に声がする。声で小屋の壁が震える。

口を壁にべたっと当てて声を出している。

「この沢」

「飲むぞ、人飲むぞ」

その声を最後に、足音とともに声は止んだ。

但見さんは一睡もできず、夜明けを待って急いで沢を下り、二度と人飲み沢には近付かないと誓った。

ランドセル（会津南西部）

前述の通り、会津では渓流釣りが盛んだ。

これも同じく、奥会津にある沢へ渓流釣りに行った金田さんに聞いた話である。

釣り人が体験者となる怪談は多い。

金田さんに〈何か今までに不思議な体験はないか〉と聞くとこう答えた。

「おばけじゃないんだけど、何だろう？　釣りのときに変な人に会ったことはあるなあ」

そう前置きして話しだした。


金田さんはその日も渓流釣りに出かけた。

相当な山奥へと分け入っていき、人家は全くない林道をひたすらに登る。

林道を逸れて藪に入り、獣道すらない森の中を延々と進んだその中に、美しい渓流を見つけた。

その地点からまた暫く沢を登り、釣りを楽しんでいた。

気が付くと日が傾きだし、そろそろ帰ろうかと荷物を畳み、山を下りだしたときだった。

森の中、斜面の下からこちらに向かって歩いてくる者がいる。

少年、だった。

ランドセルを背負い、森の中をとぼとぼと歩いてくる男の子。

ぞっとした。

この山の奥は何もない。獣道すらない。民家などあるはずもなく、深い山中に続くだけだ。

こんなところに、小学生などいるはずがない。

日はどんどんと暮れだす。

もう少しすれば、辺りは真っ暗になる。

そんな時間にこれから山の中へ入っていこうとするなんて。

金田さんは目を逸らし、そっと少年とすれ違った。

少年はこちらに目もくれず、暗くなり始めた山の中へ藪を分け入り、どんどんと進んでいった。

読書（会津南西部）

会津の渓流釣りに纏わる怪談は多い。

こちらも同じく奥会津に渓流釣りに出かけた今川さんという男性に聞いた話だ。

このときは、友人と二人で山へ入った。

人家が全くない林道をひたすら登り、少し広くなっているところを見つけたので、そこに車を停めて狭い登山道を歩いていった。

途中で小川に架かる小さな橋を渡り、登山道を外れてその奥にある沢で釣りをしていた。

辺りが暗くなり、ぼちぼち帰るかと荷物をしまい、山を下りだしたときだった。


帰り道は暗い。今川さんと友人はライトを点けて歩き、橋に差し掛かった。

欄干の上に黒いものが乗っている。が、暗くてよく見えない。

勿論辺りは街灯などないので、今川さんには欄干に乗った黒い塊にしか見えない。

何がいるんだ？

驚いてライトを塊へと向けた。

小学生くらいの女の子が、欄干に座っていた。

川の方を向いて真っ暗闇の中、何かをしている。

ぎょっとした。

この子、一体何なんだ……。

近付いていくと何をしているのかが分かった。

川の方を向いて、本を読んでいる。


街灯一つない、山の中。

辺りは真っ暗。

本など、読めるはずもない。

しかし女の子は、食い入るように本を読んでいる。

何処から来たんだ、この子。

この山の中、車もなしで来られるはずがない。

たった一人で、何をしているんだ。

おかしい。

今川さんと友人は黙ったまま、女の子の横を通り過ぎ、逃げるようにその場を後にした。

帰りに、もしかして車が停まっていて、誰かの子供だったらどんなにいいか。
そう思ったが、彼らの考えは打ち砕かれた。
近くに車は全くなく、自分達の車が停まっていただけだった。

別れた理由（会津南西部）

会津地方は歴史上古くから人が住んでいた土地であり、各所に古民家も多く残る。

下郷町には大内宿という江戸時代から続く宿場町もある。

これは、かつて宿を営んでいたという古民家に纏わる怪談だ。


珠美さんという女性に聞いた話だ。

彼女は東京で当時付き合っていた彼氏である芳樹さんと二人暮らしをしていた。

珠美さんと芳樹さんは大学のゼミで出会い、珠美さんの方が芳樹さんの家に転がり込むようにして二人で暮らし始めたのだった。

二人はとても仲が良く、口喧嘩をすることも殆どなかった。

芳樹さんは大学の体育会で剣道に入っていて、がっちりとした体つきであったが、穏やかな性格で声を荒らげたことなど一度もなかったという。

芳樹さんの実家は福島県会津地方にあると聞いており、元は大きな古い旅館だったのだと言っていた。

芳樹さんは実家のことがとても好きだった。

「俺は家を継ぐんだ。あの家が大好きだから、お前にも好きになってほしいなあ」

芳樹さんはよくそう口にしていた。

これは珠美さんと結婚まで考えているという芳樹さんの意思表示でもあったのだろう。

珠美さんとしては結婚はまだまだ遠いもので実感が持てなかったため、それにはっきりと自分の意思を伝えることはなかったという。

付き合いだして、何年かが過ぎて就職活動の時期が来た。

芳樹さんは勿論実家から通える会津で就職先を探し、珠美さんは東京で職を探した。

大学を卒業するに当たって、自分達は離れ離れになる。

二人はそれを寂しく思って、芳樹さんがウェブカメラを珠美さんに渡した。

この当時は現在のようにスマートフォン等での映像通話がまだ発達しておらず、パソコンを通じたウェブカメラでの映像通話が主流だった。

「これで毎日ビデオ通話しよう。顔を見ながらだときっと寂しくないよ」

珠美さんはウェブカメラを受け取り、二人はそれぞれの新しい生活へと踏み出した。

初めてウェブカメラを起動し、ディスプレイに映った芳樹さんの部屋は話に聞いていた通りだった。

太い柱や襖は黒く変色し、この家の歴史を物語っていた。

これほど立派な古民家は見たことがなく、いつか修学旅行で行った京都の寺院を思い出していた。

「凄い家だろ、俺はこの家が好きなんだよ。お前にも好きになってほしい」

芳樹さんは自慢げに言った。

それから時間に余裕がある日はいつもパソコンでウェブカメラを通じて話をした。


幸せな日々を送っていた珠美さんだが、現在は既に芳樹さんと別れている。

連絡先も全て消去している。

珠美さんは聞き取りの際にここで一呼吸置き、語りだした。

「ここからが私達が別れた理由なんですが」


ある日、いつものように芳樹さんと映像通話で話していたときだった。

芳樹さんの後ろには少し変色した襖がある。

天井付近には時を経て黒くなった欄間がある。

旅館にあるものは龍や雲、梅などの透かし彫りであるが、ウェブカメラで見えている欄間は細い格子形のものだった。

格子の裏に、白いゴム風船のようなものが浮いていた。

芳樹さんの部屋は襖で仕切られている。

隣の部屋は暗く、ゴム風船は部屋の照明を反射して見えている。

誰もいないはずなのにゴム風船？

これは何？

よくよくと見ると、ゴム風船には潰れたような目と口があった。

毛がまばらに生えたばかりの幼児の首だった。

次の瞬間、格子の裏に次々に新たな首が現れる。

皆、同じ顔に見えた。

一列目はあっという間に全て幼児達のぶよぶよとした顔で埋まり、何も映していないような目でじっと芳樹さんを見ていた。

そして一列目の隙間からまた顔が覗く。

何列も何列も首が重なり、欄間は全て隙間なく首で埋まった。

ようやく珠美さんの喉から悲鳴が出た。

「後ろ！　そこ！」

絶叫に芳樹さんは驚き振り返る。

「何？　何もいないじゃん」

芳樹さんには全く見えていない。

あいかわらず首達はゆらめきながら、芳樹さんを潰れた目で見ている。

珠美さんは咄嗟にパソコンの電源コンセントを引き抜いた。

私が今見たのは一体何？

暫く何もできずに呆然としていると、芳樹さんからスマートフォンに着信があった。

どうしたの、という芳樹さんには「何でもない、気にしないで、疲れたから寝る」とだけ伝えて電話を切った。


次の日の夜、珠美さんはビデオ通話をするのが怖かった。

あんなものはもう見たくない。

欄間を見ただけでいつあれが姿を現すか考えたくもない。

そのため珠美さんはビデオ通話の誘いを断り、音声通話だけをしようと伝えた。

芳樹さんにはどうしてと聞かれたが、気分が乗らないからと伝えた。

芳樹さんはすんなりとそれを受け入れたという。

通話を始めて暫くすると突然、芳樹さんはこう言い出した。

「じゃ、行くよ」

次の瞬間、画面一杯に幼児の首が写った。

欄間の目の前でウェブカメラを起動したのである。ぎちぎちと首は蠢いていた。

そして芳樹さんはウェブカメラを自分に向けるとゲラゲラと笑い声を上げ、目があべこべの方にぐりぐりと回っていた。

止めてと叫び通話を切る。

芳樹さんからメッセージが届く。

「何で、話そうよ」

「通話、通話」

「ビデオ通話だよ」

「出ろよ」

彼女は一切返答することなくパソコンを落とした。

芳樹さんの変貌が、ただただ怖かった。

それから、暫く芳樹さんからの連絡は途絶えた。

あの夜に見た芳樹さんは恐ろしかった。

幾日か過ぎた頃、芳樹さんから通話の連絡があった。

もう、ウェブカメラの映像を見せられるのは恐ろしい。

でも、長年付き合っていたことは事実であるし、寂しくもあったから通話に応じようと思った。

彼にチャットで伝えると〈分かった、これからは音声にしよう〉と分かってくれた。

しかし、通話が始まってから突然彼のウェブカメラのウインドウが立ち上がり、映像を読み込み始めた。

珠美さん達が使っていた通話ソフトでは当時の仕様上、こちらから相手の映像送信をキャンセルすることはできない。

叫び声を上げ、反射的に通話を切断した。

珠美さんは言う。

「それから、彼とは直接会って別れました。でもそのときの様子がもうおかしくて……。別れ話をしているときも突然ゲラゲラと大声で笑いだしたり、時々何を言っているか分からなくて。支離滅裂っていうか、もう頭がおかしいっていうか」

それから後、珠美さんには凄まじい数のビデオ通話の着信があった。

落日（会津若松市）

中島さんという神奈川県内に住む女性から聞いた話だ。
ある夜、夢を見た。
夢の中には、何処かの地図のようなものが真っ暗な闇の中に浮かんでいる。
何だろう、これ。
じっと彼女が見つめて、はっと気が付いた。
真ん中にぽこっとした穴が開いている。
これ福島県の地図じゃない？
彼女は以前、福島県の会津地方を旅行したことがあった。
すると、まるで地点を示すかのように、地図上に光が灯った。
そこで目が覚めた。
不思議な夢だったな。あの点、一体何を指していたんだろう。
彼女はスマートフォンを手に取り、福島県のマップを開いた。
マップを確認すると、その地点は会津若松市内にある古城、鶴ヶ城を示しているように思えた。
何か縁のようなものを感じる。
前からもう一回会津に行ってみたいと思っていたし、今度の休みにでも。
彼女は会津若松市に行くことを決めた。

彼女が市内に辿り着き、街中を観光していたときだった。
背後に人が立つ気配があった。
彼女は振り返るが、そこには誰もいない。
ただ観光客達が歩いているだけだ。
しかし、彼女の背後から人の気配が消えない。
厭な感じは全くしない。むしろ、何だか温かいようなそんな気さえする。
一緒に連れて行ってください、そう言っているような気がしたと彼女は言う。
彼女は背中に何者かの気配を背負ったまま福島県立博物館へと足を運んだ。
博物館で展示物を見ていると、何故かとても懐かしい気持ちになったという。
彼女がここを訪れたのは初めてのこと。
更に会津の歴史等に詳しい訳ではないので、展示物を書籍やテレビ等で見たことがあるということでもない。

しかし、心にぽっと明かりが灯ったように何だか暖かく、心中の深い場所を両手で包まれるような気持ちになった。

彼女はそのまま鶴ヶ城へと足を向けた。

鶴ヶ城へと入り、白虎隊の歴史についての展示物を見ていたときだった。

「これだから会津の男は、全く」

不意に後方から女性の声がした。

はっとして後ろを振り返ったが、そこには中年男性の警備員しかいない。

警備員は彼女の視線に気付き、こちらを見つめ返してくる。

この人の声じゃない、今の声は誰？

彼女は首を傾げながら、城内を進みだした。

城の中では何故か気持ちがそわそわとする。更に、博物館にいたときのように懐かしさを感じる。

初めての場所なのに、どうして？　何故家に帰ってきたような気持ちで一杯になるんだろう。

きっと、これは街中で歩いていたときの人の気配と関係があるんだろう。

彼女はすんなりと受け止めることができた。
城内を歩き、兵糧庫に足を踏み入れたときだった。
「あの人はこんな奥にまで来てくれたんだよ」
再び女性の声がした。
周りを見渡すが、そこにはやはり警備員しかいない。
警備員はあくびを漏らし、退屈そうにしている。
まただ。この人じゃない。
先ほどの声の主は、白虎隊の展示を見ていたときの声の主と同じだった。

彼女が城を出たときには既に夕刻だった。
真っ赤な夕日が会津若松市内に落ちようとしている。
空は茜色に染まり、鶴ヶ城の影が大きく伸びている。
昼から夜へと変わるそのわずかな境目の時間だった。
赤々と染まる美しい城下を眺めていると、突然涙が止まらなくなった。
まるで堰《せき》を切ったように、ぼろぼろと涙は頬を伝って地面へと落ちていく。
辺りを見渡すとお堀の縁に一人の女性が立っている。

額に鉢巻きを巻き、袴姿で薙刀《なぎなた》を手に、まるで戦国武将のような堂々たる立ち姿だ。

中島さんは頬に涙を伝わせたまま、導かれるように女性の許へと足を進める。

この時点で、既に女性は此岸の人ではないと直感していた。

中島さんが近付くと、女性はにこにこと微笑んでいる。

その微笑みには勇ましい立ち姿とは対照的に、何処か少女のようなあどけなさが残る。

「街はどうだった？」

女性は中島さんに問うてくる。

「本当に美しい街になっていました。今も、人々は日々を頑張って暮らしています」

勝手に中島さんの口が動く。

誰かが自分の口を借りて話しているかのようだ。

涙まじりの微かな震え声だけが口から紡がれた。

「そうだろう、皆頑張ったんだよ」

そう言うと女性は再び微笑み、夕日が落ちる会津若松の街並みを眺めている。

涙が止まらない。

再び中島さんの口が動く。

「ずっと私は聞いてみたかったのです。あなたはいつも何を見てらっしゃるのですか？」

すると女性は振り返った。

「未来を」

そう言うと少女のようにあどけなく笑った。

中島さんはこの女性の顔に見覚えがあった。

博物館でも見た。鶴ヶ城の中でも見た。

その女性とは、幕末のジャンヌダルクと謳《うた》われ、戊辰戦争の際に自ら戦地へと赴いた新島八重、その人だった。

鶴ヶ城から見下ろす会津若松市街

あとがき

「会津の森って怖いね」

これは福島県外出身である僕の妻が、初めて会津に訪れたときに放った一言だ。

妻は出身が長野県の南部であり、僕にとってはさほど環境は変わらないように感じる。

しかし妻は会津の森は何だか怖いと繰り返していた。

「黒々として畏敬の念っていうのかな、深い、荘厳な感じがする」

そう言って、雪が降りしきる会津の森を見つめて肩を抱いていた。

僕にはいまだにその感覚は分からない。小さな頃から会津の山を駆け回り、虫や動物と遊んでいた僕には一生分からないかもしれない。

ただ、雪が降り積もる会津の森は美しいと思っている。

黒々とした針葉樹林に雪が白く輝くその光景を見ると帰ってきたと感じる。

僕の心の原風景なのだろう。

さて、今回会津怪談と題しこのような形で生まれ育った故郷の怪談を改めて見てみると何と懐の深い怪談たちだろうか。

因縁譚から狐、現代のツールが登場する怪談、そして戊辰戦争の影。

僕らが今回集められた怪談は、その氷山の一角なのだろう。

未だ会津には多くの怪談が眠っている。そう実感した。

この本を紡ぐに当たって、生まれ故郷にもう一度目を向ける機会となった。そこで様々な今まで知らなかった会津を知ることができた。

会津は、面白い。まだまだ底が知れない。よりもっと深みへ。

僕はこれからも会津怪談を集めることとなるだろう。

そして読者の皆様へ新たな会津怪談を届けることができたら、その際は是非また楽しんでいただければと思う。

会津の森は恐ろしい。しかし、ぞっとするほどに美しい。

この蠱惑的な土地でいつか皆様と怪談を語り合えたら、こんなに素晴らしいことはないと思っている。

いつか、その日まで。

煙鳥

あとがき

私は東京生まれ東京育ち、会津地方との地縁が一切ない人間なのですが、うっかり執筆陣の末席に入れていただき恐悦すること頻りです。もし縁があるとしたら煙鳥さんと昔から怪談仲間だったこと、また竹書房の人達に「御当地怪談をやるなら『会津』は外せないでしょう！」と主張していたのが理由でしょうか。

歴史とは過去をどう語るかの物語ですが、その土地にまつわる歴史が正史や教科書とは異なる形で噴出した物語が、御当地怪談なのです。会津という土地には、その底に押し留められながらも何らかの形で語られたがっている物語が横溢している。そのマグマのようなエネルギー量はもしかしたら日本一ではないか、と常々思っていたからこそ、そのような主張をしていたのです。もちろんそれは煙鳥さん斉木京さんとはまた異なる、余所者からの外部の目線でしょう。とはいえ余所者として会津の人々から怪談を取材し、託された物語を執筆する外部の目線もまた、本書を立体的にする効果はあるのかなと信じて、末席を汚させてもらった次第であります。

吉田悠軌

あとがき

今回、現代怪談の第一人者である煙鳥さん、吉田悠軌さんのお二人と御一緒できたことは、私にとってかけがえのない経験となりました。併せて煙鳥怪奇録シリーズの、本来の共著者である高田公太先生に先ず以て深く感謝申し上げます。

私にとっての会津怪談は唎酒師のKさん、奥山さん、ほしじろさんのお三方と知己を得たことによって始まりました。

お三方の語る会津の怪談を初めて耳にしたとき、その奥深い魅力に衝撃を受けたのを今でも鮮明に覚えております。

今回幾つかの歯車が偶然（或いは必然？）噛み合い、その三人を始めとした方々の怪談を書かせていただく栄誉に与《あずか》りました。

本書の読者様、いつも応援して下さる皆様にも改めて御礼申し上げます。

会津には『老媼《ろうおう》茶話』や『会津怪談録』などの優れた怪談集が今に伝わっておりますが、本書もそれらの後裔のひとつとなり、長く読まれることを祈って筆を擱《お》きます。

二〇二四年三月

斉木京

★読者アンケートのお願い

応募フォームはこちら

本書のご感想をお寄せください。アンケートをお寄せいただきました方から抽選で５名様に図書カードを差し上げます。

（締切：2024 年 4 月 30 日まで）

会津怪談

2024 年 4 月 5 日　初版第一刷発行

著……煙鳥、吉田悠軌、斉木京
編・監修……煙鳥
カバーデザイン……橋元浩明 (sowhat.Inc)

発行所……株式会社　竹書房
〒 102-0075　東京都千代田区三番町 8-1　三番町東急ビル 6F
email: info@takeshobo.co.jp
https://www.takeshobo.co.jp
印刷・製本……中央精版印刷株式会社